Guía Divertida para Padres de peques de 3 a 6 años

MARI ROMO

GUÍA DIVERTIDA PARA PADRES DE PEQUE DE 3 A 6 AÑOS

First edition. August 6, 2024.

ISBN: 979-8227457851

Written by MamaZirafa.

Capítulo 1:
Comprendiendo el
Desarrollo Infantil

Introducción al Capítulo

¡**B**ienvenidos a la emocionante montaña rusa del desarrollo infantil! Si tienes un niño de 3 a 6 años en casa, sabes que cada día trae algo nuevo. En esta etapa, nuestros pequeños parecen estar en una constante carrera de crecimiento y descubrimiento. Desde el primer "¡Yo solo!" hasta el intento de conquistar el mundo con una caja de cartón, es un período lleno de sorpresas y, a veces, desafíos. Vamos a explorar juntos cómo crecen, aprenden y, sobre todo, cómo podemos apoyarlos en este viaje increíble.

Desarrollo Físico

Crecimiento

EL CRECIMIENTO EN ESTA etapa es como ver crecer una planta en cámara rápida. Un día tu niño parece pequeño, y al siguiente está alcanzando los estantes más altos. Los niños de 3 a 6 años suelen ganar entre 2 y 3 kilogramos y crecer unos 7 a 10 centímetros al año. Es una carrera constante hacia el tamaño "extra grande" en sus camisas.

Hitos Clave:

- **De 3 a 4 Años:** Tu pequeño está en pleno entrenamiento para las Olimpiadas caseras. Puede correr sin tropezar tan a menudo y dar saltos que parecen desafiar la gravedad.

- **De 4 a 5 Años:** Los movimientos son más suaves, y tu hijo puede montar una bicicleta sin pedales. ¡Así que prepárate para carreras en el parque!

- **De 5 a 6 Años:** Ahora está perfeccionando habilidades como escribir su nombre y usar tijeras (sí, las tijeras son una aventura en sí mismas). Es el momento perfecto para enseñarles a atarse los zapatos, aunque puede que necesites ayuda con los nudos.

Habilidades Motoras

LAS HABILIDADES MOTORAS de los niños en esta etapa están en plena evolución. Es como si estuvieran actualizando su software para hacer cosas más complicadas (y a veces, más desordenadas).

Habilidades Motoras Gruesas:

- **Correr y Saltar:** Prepárate para ver a tu hijo correr como si estuviera persiguiendo un dragón imaginario y saltar con tanta energía que parece que va a despegar.

- **Juegos Activos:** Juegos como el escondite se convierten en una emocionante batalla de esconder y buscar. Los cojines y sillas en casa se transforman en obstáculos que desafían a los valientes aventureros.

Habilidades Motoras Finas:

- **Dibujo y Escritura:** Los garabatos empiezan a parecerse a algo que no solo tú reconoces. Puede que te sorprenda con un dibujo que, al menos, parece una casa.

- **Manipulación de Objetos:** Tu pequeño maestro en construcción puede ahora hacer torres con bloques que no se caen al primer intento. ¡Y sí, los utensilios de comida también se usan ahora con más destreza!

Desarrollo Cognitivo

Lenguaje y Comunicación

EL DESARROLLO DEL LENGUAJE es como tener un pequeño diccionario ambulante en casa. Los niños empiezan a usar palabras nuevas a una velocidad que te dejará boquiabierto (y a veces, confundido).

Hitos Clave:

- **De 3 a 4 Años:** Las frases de tres o cuatro palabras se convierten en la norma, y tu hijo puede contar hasta diez mientras busca su juguete favorito en un rincón remoto de la casa.

- **De 4 a 5 Años:** Las oraciones largas se vuelven la forma preferida de comunicarse, y tu hijo empieza a seguir instrucciones de dos pasos, como "Lávate las manos y ven a cenar" (si es que no se distrae en el camino).

- **De 5 a 6 Años:** El vocabulario se expande como un superhéroe en crecimiento, y los conceptos abstractos como "antes" y "después" comienzan a tener sentido. ¡Estás a punto de escuchar historias que podrían ser guiones para películas!

Habilidades de Pensamiento

EL PENSAMIENTO LÓGICO de los niños está en plena expansión, como si estuvieran resolviendo los misterios del universo con bloques de construcción y rompecabezas.

Hitos Clave:

- **De 3 a 4 Años:** Clasificar objetos por forma y color se convierte en un juego, y los rompecabezas sencillos son como resolver un enigma del tesoro.

- **De 4 a 5 Años:** Los conceptos numéricos básicos empiezan a tener sentido. Pueden contar hasta 20 y reconocer números, y quizás te sorprendan con su habilidad para sumar dos bloques de LEGO.

- **De 5 a 6 Años:** Comienzan a entender conceptos más complejos como la secuencia y el tiempo. Podrían decirte con orgullo "En cinco minutos iremos al parque", aunque el tiempo sigue siendo un concepto un poco nebuloso.

Desarrollo Emocional y Social

Relaciones

EN ESTA ETAPA, LOS niños comienzan a formar relaciones más sofisticadas. Las interacciones sociales se convierten en una parte importante de su día, desde el intercambio de juguetes hasta el juego cooperativo.

Hitos Clave:

- **De 3 a 4 Años:** Las primeras amistades comienzan a florecer. Pueden jugar cerca de otros niños y comenzar a compartir (a veces con un poco de ayuda).

- **De 4 a 5 Años:** Los juegos cooperativos se vuelven más comunes, y los niños aprenden a negociar y resolver pequeños conflictos, a menudo con un nivel de drama digno de una telenovela.

- **De 5 a 6 Años:** La capacidad para formar relaciones más profundas con compañeros y adultos se desarrolla. Las habilidades de empatía y cooperación empiezan a brillar, aunque todavía hay momentos en que la palabra "compartir" se convierte en una lección en curso.

Manejo Emocional

LOS NIÑOS APRENDEN a identificar y manejar sus emociones, y, a veces, puedes sentir que estás en medio de una montaña rusa emocional. Pero no te preocupes, ¡es parte del viaje!

Hitos Clave:

- **De 3 a 4 Años:** Empiezan a identificar emociones básicas como alegría, tristeza y enojo. Puedes observarlos diciendo "Estoy enojado" cuando algo no sale como esperaban.

- **De 4 a 5 Años:** La capacidad para manejar sus emociones mejora. Pueden usar palabras para expresar cómo se sienten y empiezan a entender las emociones de los demás.

- **De 5 a 6 Años:** Los niños manejan mejor las emociones complejas y comienzan a utilizar estrategias de regulación emocional, como pedir ayuda o tomar un descanso.

Ejercicios y Juegos

PARA HACER QUE EL DESARROLLO sea aún más divertido y práctico, aquí tienes algunas actividades que puedes probar:

Juego de Desarrollo Motor

ACTIVIDAD: Crea una pista de obstáculos casera usando cojines, sillas y otros objetos. Tu hijo podrá correr, saltar y trepar, como si estuviera en una pista de obstáculos en un parque de aventuras.

Objetivo: Mejorar la coordinación y las habilidades motoras gruesas. ¡Prepárate para ver a tu pequeño aventurero superar cada obstáculo con una sonrisa!

Juego de Desarrollo Cognitivo

ACTIVIDAD: Juegos de clasificación y emparejamiento de objetos (por color, forma, tamaño). Puedes usar bloques de construcción, juguetes o incluso alimentos en la despensa.

Objetivo: Fomentar habilidades de pensamiento lógico y categorización. ¡Es como un mini desafío para su cerebro!

Actividad de Desarrollo Emocional

ACTIVIDAD: Crea una "Caja de las Emociones" con tarjetas que representen diferentes emociones (alegría, tristeza, enojo, etc.). Usa las tarjetas para hablar sobre cómo se siente tu hijo y por qué.

Objetivo: Ayudar a los niños a identificar y nombrar sus emociones. ¡Es una forma divertida de enseñarles a expresar cómo se sienten!

Capítulo 2: Estrategias para Establecer Rutinas Efectivas

Introducción al Capítulo

Las rutinas son como el pegamento que mantiene unido el día a día en el mundo de un niño. Desde el desayuno hasta la hora de dormir, una rutina sólida no solo ayuda a los pequeños a sentirse seguros, sino que también hace que las actividades diarias sean más manejables. En este capítulo, vamos a explorar cómo establecer rutinas efectivas que no solo faciliten la vida familiar, sino que también proporcionen estructura y previsibilidad para tus hijos. Prepárate para convertirte en el maestro de las rutinas con algunas estrategias que pueden transformar los momentos caóticos en oportunidades para el aprendizaje y la cooperación.

La Importancia de las Rutinas

LAS RUTINAS SON MÁS que simples horarios; son el ritmo de vida de tu familia. Imagina que las rutinas son el ritmo de una canción: sin ella, la melodía puede sonar desorganizada. Para los niños, las rutinas proporcionan una sensación de seguridad y control. Saben qué esperar y pueden anticipar lo que viene a continuación, lo que ayuda a reducir la ansiedad y mejora el comportamiento.

Beneficios de las Rutinas:

- **Seguridad y Estabilidad:** Los niños se sienten más seguros cuando saben lo que va a suceder. Esto es especialmente importante durante cambios o transiciones.

- **Desarrollo de Habilidades:** Las rutinas enseñan habilidades importantes como la gestión del tiempo, la organización y la responsabilidad.

- **Reducción de Conflictos:** Una rutina clara puede reducir los enfrentamientos y las luchas de poder. Menos "¿Por qué tengo que ir a la cama?" y más "¡Es hora de la historia!"

Estrategias para Establecer Rutinas Efectivas

1. Crear una Rutina Diaria Consistente

MAÑANAS: Empieza el día con una rutina matutina constante que incluya actividades como levantarse, vestirse, y desayunar. Usa un calendario visual para que tu hijo pueda ver lo que viene a continuación. Por ejemplo, un gráfico que muestre el horario del día puede hacer que la rutina sea más comprensible y menos confusa.

Tardes: Incluye tiempos para el juego libre, la comida y las actividades estructuradas. Los niños necesitan tiempo para relajarse y explorar, así que asegúrate de equilibrar la estructura con oportunidades para la creatividad.

Noches: Establece una rutina de acostarse que incluya actividades relajantes como leer un libro, tomar un baño y preparar la ropa para el día siguiente. Una rutina nocturna consistente ayuda a que los niños se relajen y se preparen para dormir.

2. Involucrar a los Niños en la Creación de la Rutina

HACER QUE TUS HIJOS participen en la planificación de su rutina diaria puede aumentar su entusiasmo por seguirla. Pregunta a tu hijo qué les gustaría incluir en la rutina y cómo prefieren que se desarrollen las actividades. Puedes hacer un cartel con la rutina diaria que ellos ayuden a decorar y personalizar. Esto les da un sentido de propiedad y hace que la rutina sea más atractiva para ellos.

3. Usar Recompensas y Refuerzos Positivos

INTRODUCE UN SISTEMA de recompensas para motivar a tus hijos a seguir la rutina. Puede ser algo simple, como un sticker en un gráfico de progreso por cada día que sigan la rutina sin problemas. Las recompensas no tienen que ser grandes; a veces, un elogio o un pequeño premio puede ser suficiente para mantener a los niños motivados.

4. Ser Flexible y Adaptarse a Cambios

LAS RUTINAS SON IMPORTANTES, pero también es crucial ser flexible. A veces surgirán imprevistos, como una visita inesperada o un cambio en el horario. Enseña a tus hijos a adaptarse a los cambios sin estrés. Por ejemplo, si la hora de acostarse se retrasa debido a un evento especial, asegúrate de explicarles por qué y de ajustar la rutina en consecuencia.

5. Usar Herramientas Visuales

LOS CALENDARIOS VISUALES, los horarios de rutina y las listas de tareas pueden ser herramientas útiles. Los calendarios con imágenes que representan diferentes actividades pueden ayudar a los niños a entender mejor lo que sucederá a lo largo del día. Puedes crear uno junto a tu hijo y colgarlo en un lugar visible, como la nevera o su habitación.

Ejercicios y Juegos

Juego de Creación de Rutinas

ACTIVIDAD: Crea un "Calendario de Rutina" con tu hijo usando cartulina y marcadores. Incluye imágenes para cada actividad, como un sol para el despertar, un plato para la comida y una luna para la hora de dormir.

Objetivo: Ayudar a los niños a visualizar y entender la rutina diaria de una manera divertida y atractiva. Esto no solo les ayuda a adaptarse a la rutina, sino que también les da una herramienta visual para seguir el ritmo del día.

Juego de "El Juego de la Rutina"

ACTIVIDAD: Juega a un juego de roles donde tú y tu hijo actúan diferentes partes de la rutina diaria. Por ejemplo, puedes actuar como un maestro que dirige la rutina matutina, mientras tu hijo interpreta el papel de un estudiante que sigue las instrucciones.

Objetivo: Hacer que la rutina sea divertida y educativa. Al actuar las diferentes partes de la rutina, los niños pueden internalizar los pasos y entender la importancia de cada uno.

Actividad de Recompensas

ACTIVIDAD: Crea un gráfico de recompensas para seguir la rutina diaria. Usa stickers o dibujos para marcar cada día en que se siga la rutina correctamente. Ofrece una pequeña recompensa al final de la semana si se cumple el objetivo.

Objetivo: Motivar a los niños a seguir la rutina mediante un sistema de refuerzos positivos. Las recompensas y los elogios refuerzan el comportamiento positivo y hacen que la rutina sea más atractiva.

Capítulo 3: Fomentar la Autoestima y la Independencia en los Niños

Introducción al Capítulo

La autoestima y la independencia son como los superpoderes de los niños. Ayudarles a desarrollar una buena autoestima y fomentar su independencia no solo les da confianza, sino que también les prepara para enfrentar el mundo con valentía. En este capítulo, exploraremos cómo puedes construir una base sólida de autoestima en tu hijo y animarle a ser independiente, todo mientras te aseguras de que no se convierta en un pequeño dictador en casa. Prepárate para descubrir estrategias efectivas que harán que tu pequeño se sienta seguro de sí mismo y capaz de manejar sus propias aventuras.

Construyendo la Autoestima

1. Ofrecer Elogios Específicos y Sinceros

LOS ELOGIOS GENERALES como "¡Buen trabajo!" son geniales, pero los elogios específicos tienen un impacto aún mayor. En lugar de decir solo "Eres increíble", intenta algo como "Me encanta cómo organizaste tus juguetes. Eso muestra que eres muy ordenado". Los elogios específicos ayudan a los niños a entender qué comportamiento es valorado y a reconocer sus propios logros.

2. Fomentar la Autonomía

PERMITIR QUE LOS NIÑOS tomen decisiones dentro de su rango de edad es una excelente manera de construir su autoestima. Desde elegir qué ropa ponerse hasta decidir qué actividad hacer en el parque, darle a tu hijo un papel activo en la toma de decisiones les ayuda a sentir que sus opiniones son importantes y valoradas.

Ejemplo: "¿Te gustaría llevar la camiseta roja o la azul hoy?" Esto les da un sentido de control y les ayuda a sentirse responsables de sus elecciones.

3. Celebrar los Esfuerzos, No Solo los Resultados

ES FÁCIL ALABAR A LOS niños por ganar un premio o lograr algo grande, pero es igual de importante reconocer los esfuerzos y el empeño. Si tu hijo ha trabajado duro en un proyecto, aunque el resultado no sea perfecto, felicítalo por su dedicación. Esto les enseña que el valor está en el esfuerzo, no solo en el resultado final.

Ejemplo: "¡Hiciste un gran esfuerzo en ese dibujo! Me gusta cómo elegiste los colores y cómo te tomaste tu tiempo para hacerlo."

4. Enseñarles a Manejar los Fracasos con Resiliencia

LOS FRACASOS SON INEVITABLES, pero cómo los manejamos puede hacer una gran diferencia. Ayuda a tu hijo a ver los fracasos como oportunidades de aprendizaje. En lugar de decir "No te preocupes, lo hiciste mal", prueba con algo como "Es una oportunidad para aprender algo nuevo. ¿Qué podríamos hacer diferente la próxima vez?"

Ejemplo: Si un rompecabezas no encaja, puedes decir: "Parece que esta pieza no encaja aquí. Vamos a probar en otro lugar. ¿Dónde crees que podría ir?"

Fomentar la Independencia

1. Establecer Metas Pequeñas y Alcanzables

PARA FOMENTAR LA INDEPENDENCIA, es útil establecer metas pequeñas y alcanzables. Estas metas pueden ser cosas simples como "Hoy vamos a intentar que pongas tus zapatos tú solo" o "Vamos a trabajar juntos para que puedas prepararte el desayuno". Las metas pequeñas permiten a los niños experimentar el éxito y ganar confianza en sus habilidades.

2. Proporcionar Oportunidades para Tomar Decisiones

DEJA QUE TUS HIJOS tomen decisiones dentro de un marco seguro. Pueden decidir qué actividades hacer en un día libre o qué libro leer antes de dormir. Las decisiones ayudan a los niños a desarrollar un sentido de autonomía y confianza en sus habilidades para tomar decisiones.

Ejemplo: "Hoy vamos a hacer una tarde de manualidades. ¿Prefieres hacer pintura o modelar con arcilla?"

3. Promover la Resolución de Problemas

FOMENTA LA INDEPENDENCIA permitiendo que los niños resuelvan problemas por sí mismos. Puedes guiarlos con preguntas en lugar de darles las respuestas directamente. Esto les ayuda a desarrollar habilidades de pensamiento crítico y les da la confianza de que pueden enfrentar desafíos.

Ejemplo: Si tu hijo está tratando de resolver un rompecabezas, puedes preguntar: "¿Qué crees que falta para que encaje la pieza? ¿Cómo podríamos encontrar la pieza correcta?"

4. Animar a los Niños a Realizar Tareas Domésticas

ASIGNAR TAREAS ADECUADAS a su edad ayuda a los niños a desarrollar una sensación de responsabilidad y autonomía. Las tareas como poner la mesa, ayudar a organizar los juguetes o elegir su ropa para el día no solo les enseñan habilidades prácticas, sino que también les hacen sentir que están contribuyendo a la familia.

Ejemplo: "Hoy te toca poner los cubiertos en la mesa. ¿Qué cubiertos crees que necesitamos para la cena?"

Ejercicios y Juegos

Juego de "¡Yo Puedo!"

ACTIVIDAD: Crea un "Muro de Éxitos" en casa donde tu hijo pueda colocar pegatinas o dibujos cada vez que complete una tarea de forma independiente.

Objetivo: Fomentar la autoestima al celebrar los logros y las tareas completadas de manera autónoma. El "Muro de Éxitos" se convierte en un recordatorio visual de sus habilidades y éxitos.

Juego de "Decisiones Divertidas"

ACTIVIDAD: Organiza un juego donde tu hijo tome decisiones para un "día especial". Puede elegir la comida, las actividades y cómo decorarán la casa. Usa tarjetas con diferentes opciones para que elija.

Objetivo: Hacer que la toma de decisiones sea divertida y educativa, ayudando a los niños a sentir que sus elecciones son importantes y valoradas.

Actividad de Resolución de Problemas

ACTIVIDAD: Proporciona a tu hijo un desafío simple, como encontrar una forma de construir una torre con bloques que no se caiga. Anímales a pensar en diferentes soluciones y a probar sus ideas.

Objetivo: Desarrollar habilidades de resolución de problemas y fomentar la confianza en sus propias capacidades para enfrentar y superar desafíos.

Capítulo 4: Cómo Manejar los Desafíos del Comportamiento y las Rabietas

Introducción al Capítulo

Ah, las rabietas. Ese fenómeno universal en la vida de los padres que puede convertir una tranquila tarde en un torbellino de emociones. Si alguna vez te has encontrado en medio de una crisis en el supermercado o en casa, sabrás que manejar los desafíos del comportamiento y las rabietas puede ser una tarea monumental. No te preocupes; en este capítulo, vamos a desglosar estrategias efectivas para manejar estos momentos con calma y eficacia, transformando la frustración en oportunidades de aprendizaje y crecimiento para tu hijo.

Entendiendo las Rabietas y los Desafíos del Comportamiento

¿Qué Son las Rabietas?

LAS RABIETAS SON UNA forma en que los niños pequeños expresan frustración, enfado o malestar cuando no pueden obtener lo que quieren o cuando están abrumados por sus emociones. Son una parte normal del desarrollo y a menudo ocurren cuando los niños están aprendiendo a manejar sus emociones y a comunicarse de manera efectiva.

¿Por Qué Ocurren?

- **Frustración:** Cuando no pueden expresar lo que quieren o necesitan.

- **Fatiga:** La falta de sueño o el cansancio pueden llevar a rabietas.

- **Cambios:** Las transiciones o cambios en la rutina pueden ser desafiantes.

- **Necesidad de Atención:** A veces, los niños actúan para captar la atención de sus padres.

Estrategias para Manejar las Rabietas

1. Mantén la Calma y el Control

CUANDO LAS RABIETAS estallan, tu primera reacción es crucial. Mantén la calma y no te dejes llevar por la frustración. Recuerda, los niños perciben cómo manejas la situación, y tu tranquilidad puede ayudar a calmar el caos.

Ejemplo: Respira hondo y cuenta hasta diez antes de intervenir. Si estás en público, trata de manejar la situación con una actitud serena y confiada.

2. Ignora las Rabietas Cuando Sea Apropiado

SI UNA RABIETA NO ESTÁ causando daño y no está acompañada de comportamientos destructivos, a veces la mejor estrategia es ignorarla. No recompenses el comportamiento con atención, ya que esto puede reforzar la idea de que las rabietas son una forma efectiva de obtener lo que quieren.

Ejemplo: Si tu hijo está tirado en el suelo en medio de una rabieta porque no puede tener un juguete, trata de mantenerte distante y no hagas contacto visual. Cuando se calme, reconócelo y ofrece una alternativa.

3. Proporciona Alternativas y Soluciones

AYUDA A TU HIJO A ENCONTRAR maneras alternativas de expresar sus sentimientos o de resolver el problema que está causando la rabieta. Ofrecer opciones puede darles una sensación de control y reducir la frustración.

Ejemplo: Si tu hijo está enfadado porque no puede jugar con un juguete, sugiérele otra actividad o un juguete alternativo. "Sé que querías jugar con el camión, pero ¿qué tal si jugamos con los bloques en su lugar?"

4. Establece Reglas Claras y Consistentes

TENER REGLAS CLARAS y consistentes puede ayudar a prevenir rabietas. Los niños necesitan saber qué comportamientos son aceptables y cuáles no. Sé firme pero amable al establecer límites y asegúrate de que todos en la familia sigan las mismas reglas.

Ejemplo: "En nuestra casa, no lanzamos juguetes. Si quieres jugar, tienes que hacerlo con cuidado. Si estás enojado, podemos hablar sobre cómo te sientes."

5. Utiliza Técnicas de Distracción y Redirección

A VECES, DESVIAR LA atención de tu hijo hacia algo positivo puede interrumpir una rabieta en progreso. Usa técnicas de distracción para cambiar el enfoque y redirigir la energía hacia una actividad más constructiva.

Ejemplo: Si tu hijo está molesto porque no puede tener un dulce, distrae su atención con un juego o una actividad divertida. "¿Qué te parece si hacemos un dibujo juntos? Vamos a usar tus colores favoritos."

Manejo de los Desafíos del Comportamiento

1. Establecer Consecuencias Claras

CUANDO EL COMPORTAMIENTO de tu hijo no es apropiado, establece consecuencias claras y coherentes. Asegúrate de que la consecuencia sea proporcional al comportamiento y que se explique con calma. Las consecuencias deben ayudar a tu hijo a entender el impacto de sus acciones y a aprender de la experiencia.

Ejemplo: "Si no guardas tus juguetes después de jugar, no podrás jugar con ellos mañana. Vamos a guardar todo ahora para que puedas disfrutar de tus juguetes más tarde."

2. Refuerza el Comportamiento Positivo

REFUERZA Y RECOMPENSA el buen comportamiento para animar a tu hijo a repetirlo. Usa elogios, recompensas pequeñas o tiempo adicional para jugar como incentivos. Reforzar lo positivo ayuda a establecer hábitos de comportamiento deseables.

Ejemplo: "Me alegra mucho que hayas compartido tus juguetes con tu hermano. ¿Qué tal si elegimos un libro para leer juntos como recompensa?"

3. Comunica y Explica

LA COMUNICACIÓN ES clave. Habla con tu hijo sobre por qué ciertos comportamientos no son aceptables y cómo pueden manejar mejor sus emociones. Explicar las razones detrás de las reglas y las consecuencias ayuda a los niños a entender y aceptar las normas.

Ejemplo: "Cuando gritas, es difícil escucharte. Podemos hablar sobre cómo te sientes si usas un tono de voz calmado. Así podemos resolver el problema juntos."

4. Modela el Comportamiento Deseado

LOS NIÑOS APRENDEN observando. Asegúrate de modelar el comportamiento que esperas de ellos. Si quieres que tu hijo maneje la frustración con calma, demuéstralo en tus propias acciones.

Ejemplo: Si te enfrentas a una situación estresante, trata de mantener la calma y manejar la situación de manera positiva. Tu hijo verá cómo actuar en momentos de frustración.

Ejercicios y Juegos

Juego de "Las Emociones en Acción"

ACTIVIDAD: Usa marionetas o muñecos para representar diferentes emociones y situaciones. Actúa escenas donde las emociones se manifiestan y discute cómo manejarlas.

Objetivo: Ayudar a los niños a reconocer y entender sus emociones y a practicar formas de manejarlas de manera adecuada.

Juego de "Distracción Creativa"

ACTIVIDAD: Crea una caja de actividades con juegos, libros o rompecabezas que puedan sacar cuando sientan frustración o estén a punto de tener una rabieta.

Objetivo: Proporcionar herramientas para la distracción y el enfoque positivo. Ofrecer opciones para desviar la atención de manera constructiva.

Actividad de "Resuelve el Problema"

ACTIVIDAD: Presenta un desafío simple, como un rompecabezas o un problema pequeño, y trabaja con tu hijo para encontrar una solución. Animales a pensar en diferentes formas de abordar el problema.

Objetivo: Desarrollar habilidades de resolución de problemas y enseñar a los niños a manejar la frustración de manera efectiva.

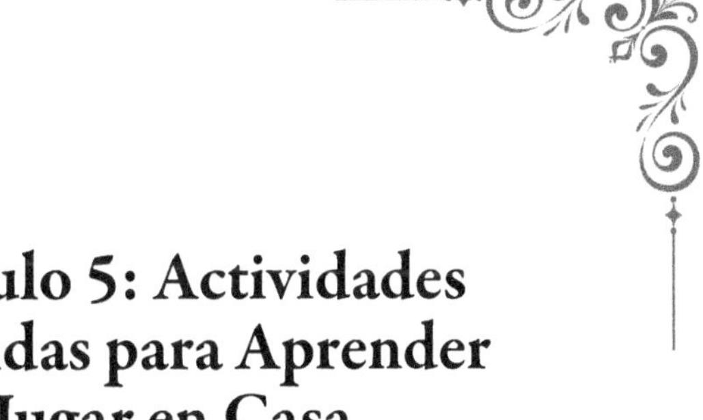

Capítulo 5: Actividades Divertidas para Aprender y Jugar en Casa

Introducción al Capítulo

¡Bienvenidos al rincón de la diversión educativa! Las actividades y juegos son esenciales para el desarrollo de los niños, especialmente en la etapa de 3 a 6 años. En este capítulo, exploraremos cómo puedes convertir el tiempo en casa en una aventura de aprendizaje y diversión. Desde juegos que estimulan el pensamiento hasta actividades que fomentan la creatividad, aquí encontrarás ideas para mantener a tus pequeños entretenidos y aprendiendo al mismo tiempo. Prepárate para llenar tu hogar con risas, descubrimientos y una buena dosis de imaginación.

Actividades para el Desarrollo Cognitivo

1. Juego de Clasificación de Objetos

ACTIVIDAD: Reúne una variedad de objetos de diferentes formas, colores y tamaños (pueden ser bloques, botones, o incluso frutas). Pide a tu hijo que clasifique los objetos en grupos según sus características.

Objetivo: Fomentar habilidades de pensamiento lógico y categorización. Este juego ayuda a los niños a reconocer y entender diferencias y similitudes entre los objetos.

Variación: Puedes hacer el juego más desafiante añadiendo nuevas categorías o utilizando objetos con características más complejas.

2. Búsqueda del Tesoro Educativa

ACTIVIDAD: Crea una búsqueda del tesoro en casa con pistas que incluyan conceptos educativos, como números, letras o colores. Esconde pequeños premios en diferentes lugares y proporciona pistas que guíen a tu hijo hacia el siguiente objetivo.

Objetivo: Estimular habilidades de resolución de problemas y aprendizaje de conceptos básicos de una manera divertida. La búsqueda del tesoro también promueve la motricidad y el pensamiento crítico.

Variación: Puedes adaptar las pistas para que sean más desafiantes a medida que tu hijo mejora en sus habilidades.

Actividades para el Desarrollo Motor

1. Circuito de Obstáculos en Casa

ACTIVIDAD: Crea un circuito de obstáculos usando cojines, sillas, y otros objetos de casa. Diseña un recorrido que tu hijo pueda seguir, saltando, trepando y gateando a través de los diferentes obstáculos.

Objetivo: Mejorar las habilidades motoras gruesas y la coordinación. Este tipo de actividad también proporciona una excelente oportunidad para el ejercicio físico.

Variación: Cambia la disposición de los obstáculos para mantener el juego interesante y desafiante.

2. Juego de Construcción con Bloques

ACTIVIDAD: Usa bloques de construcción para que tu hijo construya diferentes estructuras, como torres, casas o puentes. Anímales a seguir un diseño específico o a crear sus propias creaciones.

Objetivo: Fomentar la coordinación mano-ojo, la motricidad fina y el pensamiento espacial. Los juegos de construcción también estimulan la creatividad y la resolución de problemas.

Variación: Puedes introducir desafíos adicionales, como construir una estructura que pueda soportar un peso o seguir un modelo específico.

Actividades para el Desarrollo Emocional y Social

1. Juego de Roles con Marionetas

ACTIVIDAD: Usa marionetas o muñecos para representar diferentes situaciones sociales, como compartir, resolver conflictos o expresar emociones. Actúa escenas con tu hijo y discute cómo se sienten los personajes y qué pueden hacer en cada situación.

Objetivo: Ayudar a los niños a entender y expresar sus propias emociones y a desarrollar habilidades sociales. El juego de roles también proporciona una forma segura para que los niños practiquen la resolución de problemas.

Variación: Cambia las situaciones o los personajes para mantener el juego fresco y relevante para diferentes aspectos del desarrollo emocional y social.

2. Caja de las Emociones

ACTIVIDAD: Crea una "Caja de las Emociones" con tarjetas que representen diferentes emociones (feliz, triste, enojado, etc.). Pide a tu hijo que elija una tarjeta y luego comparte una situación en la que hayan experimentado esa emoción.

Objetivo: Ayudar a los niños a identificar y nombrar sus emociones. Este juego también fomenta la comunicación abierta y el entendimiento de cómo los demás se sienten.

Variación: Puedes añadir actividades relacionadas con cada emoción, como dibujar una cara que represente la emoción o realizar un pequeño teatro.

Ejercicios y Juegos

Juego de "Caza de Colores"

ACTIVIDAD: Esconde objetos de diferentes colores en la casa y da a tu hijo una lista de colores para encontrar. Puedes hacerlo en un tiempo limitado para agregar emoción al juego.

Objetivo: Ayudar a los niños a identificar colores y desarrollar habilidades de observación. Este juego también promueve la actividad física y la atención.

Juego de "Rally de Habilidades"

ACTIVIDAD: Diseña un rally que incluya diferentes estaciones con actividades que desafíen varias habilidades, como saltar en una cuerda, resolver un rompecabezas y dibujar una figura.

Objetivo: Fomentar el desarrollo de habilidades motoras, cognitivas y creativas mientras se divierten. El rally también puede ser una forma excelente de canalizar la energía de los niños de manera positiva.

Actividad de "Dibuja tu Mundo"

ACTIVIDAD: Proporciona a tu hijo papel y materiales de arte para que dibuje o pinte su propio "mundo". Anímales a ser creativos y a incluir detalles que les sean significativos.

Objetivo: Estimular la creatividad y la autoexpresión. Esta actividad también permite a los niños practicar la coordinación motora fina y la planificación.

Capítulo 6: Estrategias para Promover el Aprendizaje a Través del Juego

Introducción al Capítulo

El juego no es solo una forma de pasar el tiempo; es una herramienta poderosa para el aprendizaje. Para los niños de 3 a 6 años, el juego es el principal medio a través del cual exploran el mundo, desarrollan habilidades y se divierten. En este capítulo, veremos cómo puedes utilizar el juego de manera estratégica para fomentar el aprendizaje y el desarrollo en varias áreas. Prepárate para descubrir cómo convertir actividades simples en experiencias educativas inolvidables.

Aprendizaje a Través del Juego

1. Juegos de Rol para Desarrollar Habilidades Sociales

ACTIVIDAD: Los juegos de rol, como jugar a ser médicos, chefs o maestros, permiten a los niños explorar diferentes roles y situaciones sociales. Proporciona disfraces y accesorios relacionados con diferentes profesiones o escenarios y deja que tu hijo invente historias y situaciones.

Objetivo: Desarrollar habilidades sociales y emocionales, como la empatía y la cooperación. Los juegos de rol también ayudan a los niños a entender diferentes perspectivas y a practicar la resolución de conflictos.

Variación: Introduce personajes adicionales o escenarios nuevos para mantener el juego dinámico y emocionante.

2. Juegos de Construcción para Fomentar el Pensamiento Espacial

ACTIVIDAD: Usa bloques de construcción, Lego o materiales similares para que tu hijo construya estructuras según sus propios diseños o siguiendo un modelo. Puedes proponer desafíos como construir un puente o una torre que pueda sostener un peso.

Objetivo: Estimular el pensamiento espacial y la coordinación mano-ojo. Los juegos de construcción también promueven la creatividad y la resolución de problemas.

Variación: Añade elementos adicionales, como figuras de acción o vehículos, para enriquecer el juego y aumentar el nivel de complejidad.

3. Juegos Sensoriales para Desarrollar Habilidades Motoras Finas

ACTIVIDAD: Crea actividades sensoriales usando materiales como arena, arroz, agua o masa para modelar. Pide a tu hijo que explore los materiales con las manos, construya formas, o realice tareas como verter o mezclar.

Objetivo: Desarrollar habilidades motoras finas y la coordinación mano-ojo. Los juegos sensoriales también ayudan a los niños a explorar texturas y a mejorar su capacidad de concentración.

Variación: Cambia los materiales o introduce herramientas adicionales, como cucharas o pinceles, para ofrecer nuevas experiencias sensoriales.

Juegos para Fomentar el Desarrollo Cognitivo

1. Juegos de Memoria y Atención

ACTIVIDAD: Usa cartas con imágenes o palabras para jugar a juegos de memoria, como el "Memory" donde debes encontrar pares iguales. Puedes hacer tus propias cartas con dibujos o fotos que sean significativos para tu hijo.

Objetivo: Mejorar la memoria, la atención y la capacidad de concentración. Los juegos de memoria también ayudan a desarrollar habilidades cognitivas como la memoria visual y el reconocimiento de patrones.

Variación: Introduce nuevas cartas o aumenta el número de pares para hacer el juego más desafiante a medida que tu hijo mejora.

2. Juegos de Resolución de Problemas

ACTIVIDAD: Presenta a tu hijo rompecabezas o acertijos adecuados para su edad. Anímales a resolver los problemas paso a paso, ofreciéndoles pistas cuando sea necesario.

Objetivo: Desarrollar habilidades de resolución de problemas y pensamiento lógico. Los juegos de resolución de problemas también fomentan la perseverancia y la capacidad de enfrentar desafíos.

Variación: Puedes utilizar rompecabezas con diferentes niveles de dificultad o introducir acertijos verbales para variar el tipo de desafíos.

3. Actividades de Clasificación y Agrupación

ACTIVIDAD: Proporciona a tu hijo una variedad de objetos para clasificar según diferentes criterios, como forma, color o tamaño. Puedes usar botones, piedras, o incluso alimentos como frutas y verduras.

Objetivo: Fomentar el pensamiento lógico y las habilidades de categorización. Las actividades de clasificación ayudan a los niños a aprender sobre atributos y a desarrollar habilidades organizativas.

Variación: Cambia los criterios de clasificación o introduce objetos con características más complejas para mantener el juego interesante.

Juegos para Desarrollar Habilidades Emocionales

1. Juegos de Expresión Emocional

ACTIVIDAD: Usa tarjetas con imágenes que representen diferentes emociones y pídele a tu hijo que las clasifique o que elija una que refleje cómo se siente en un momento determinado. Puedes usar estas tarjetas para conversar sobre situaciones que evocan esas emociones.

Objetivo: Ayudar a los niños a identificar y expresar sus emociones. Los juegos de expresión emocional también fomentan la comunicación abierta y la comprensión de las emociones.

Variación: Crea una "rueda de emociones" donde tu hijo pueda girar para elegir una emoción y luego hablar sobre una situación en la que hayan experimentado esa emoción.

2. Actividades de Resolución de Conflictos

ACTIVIDAD: Organiza juegos de mesa o actividades grupales donde tu hijo tenga que negociar o resolver conflictos con otros niños o con familiares. Guía a tu hijo para que use palabras y soluciones adecuadas para resolver los problemas.

Objetivo: Desarrollar habilidades de resolución de conflictos y cooperación. Estas actividades enseñan a los niños a manejar desacuerdos de manera constructiva y a trabajar en equipo.

Variación: Introduce nuevos escenarios o desafíos para que tu hijo pueda practicar diferentes aspectos de la resolución de conflictos.

3. Juegos de Apreciación y Gratitud

ACTIVIDAD: Crea un "Árbol de Gratitud" donde tu hijo pueda añadir hojas con cosas por las que está agradecido. Cada vez que haga algo positivo, puede añadir una hoja al árbol.

Objetivo: Fomentar la apreciación y la gratitud. Los juegos de apreciación ayudan a los niños a enfocarse en lo positivo y a reconocer las cosas buenas en sus vidas.

Variación: Puedes hacer que el árbol sea parte de una tradición diaria o semanal para mantener el hábito de la gratitud.

Capítulo 7: Cómo Crear Rutinas Efectivas y Establecer Hábitos Saludables

Introducción al Capítulo

LAS RUTINAS Y LOS HÁBITOS son el pegamento que mantiene nuestras vidas en orden, y esto es especialmente cierto para los niños de 3 a 6 años. Establecer rutinas efectivas y hábitos saludables desde una edad temprana no solo ayuda a los niños a sentirse seguros y organizados, sino que también sienta las bases para una vida equilibrada y saludable. En este capítulo, exploraremos cómo puedes crear rutinas diarias que funcionen para toda la familia y cómo fomentar hábitos saludables que beneficien el desarrollo de tus pequeños. Prepárate para transformar la rutina diaria en una experiencia estructurada y positiva.

Estableciendo Rutinas Efectivas

1. Crear una Rutina Diaria Consistente

ACTIVIDAD: Diseña un horario diario que incluya tiempos específicos para actividades clave como despertarse, comer, jugar, y dormir. Usa una tabla visual con imágenes que represente cada parte del día, de modo que tu hijo pueda ver y seguir la rutina.

Objetivo: Proporcionar estructura y previsibilidad, lo que ayuda a los niños a sentirse más seguros y a manejar mejor el tiempo. Una rutina consistente también facilita la transición entre actividades.

Consejo: Mantén la rutina lo más constante posible, pero sé flexible para adaptarte a cambios imprevistos. La consistencia en los horarios de sueño y comidas es especialmente importante.

2. Establecer Horarios para las Actividades Clave

ACTIVIDAD: Asigna bloques de tiempo específicos para actividades importantes como el desayuno, la hora de la lectura, y el tiempo de juego. Por ejemplo, "Desayuno a las 8:00 a.m., Juego libre a las 10:00 a.m."

Objetivo: Facilitar la organización del día y ayudar a los niños a entender cuándo deben realizar ciertas actividades. Un horario claro también puede reducir el estrés y los conflictos sobre qué hacer a continuación.

Consejo: Usa relojes visuales o temporizadores para que los niños puedan ver cuánto tiempo queda para cada actividad. Esto les ayuda a anticipar y adaptarse a los cambios en la rutina.

3. Incorporar Actividades Relajantes y de Transición

ACTIVIDAD: Añade momentos de relajación a la rutina diaria, como leer un libro antes de dormir o practicar técnicas de respiración. Estos momentos de transición ayudan a los niños a cambiar de una actividad a otra sin estrés.

Objetivo: Facilitar las transiciones suaves entre actividades y promover un ambiente relajado. Las actividades de relajación ayudan a los niños a calmarse y a prepararse para el siguiente paso del día.

Consejo: Mantén las actividades de relajación cortas y agradables. Por ejemplo, una breve sesión de lectura o un juego tranquilo puede ser suficiente para ayudar a tu hijo a relajarse.

Estableciendo Hábitos Saludables

1. Fomentar una Alimentación Balanceada

ACTIVIDAD: Involucra a tu hijo en la planificación y preparación de comidas saludables. Permíteles elegir frutas y verduras en la tienda y participar en la cocina, como lavar los ingredientes o mezclar ensaladas.

Objetivo: Enseñar a los niños sobre la importancia de una alimentación equilibrada y fomentar hábitos alimenticios saludables. Participar en la preparación de comidas también puede hacer que los niños estén más interesados en comer alimentos saludables.

Consejo: Ofrece una variedad de alimentos saludables y presenta nuevas opciones de manera divertida. Usa colores y formas atractivas para hacer las comidas más interesantes.

2. Promover la Actividad Física Regular

ACTIVIDAD: Integra actividades físicas en la rutina diaria, como bailar, saltar la cuerda o jugar al aire libre. Establece tiempos específicos para la actividad física, como "30 minutos de juego activo después del almuerzo".

Objetivo: Fomentar un estilo de vida activo y saludable. La actividad física regular ayuda a los niños a desarrollar habilidades motoras, mantener un peso saludable y mejorar su bienestar general.

Consejo: Haz que el ejercicio sea divertido y variado. Organiza juegos o desafíos físicos para mantener a tu hijo motivado y entusiasta.

3. Establecer una Hora de Sueño Consistente

ACTIVIDAD: Crea una rutina relajante antes de dormir que incluya actividades como leer un cuento, tomar un baño o escuchar música tranquila. Mantén una hora de sueño consistente todas las noches para ayudar a regular el reloj biológico de tu hijo.

Objetivo: Asegurar que tu hijo tenga una cantidad adecuada de sueño para un desarrollo saludable. Una rutina de sueño consistente ayuda a mejorar la calidad del sueño y a establecer buenos hábitos de descanso.

Consejo: Evita la estimulación excesiva antes de acostarse, como el tiempo frente a pantallas. Opta por actividades relajantes que ayuden a preparar a tu hijo para una noche de sueño reparador.

Fomentando Hábitos de Autonomía

1. Enseñar Habilidades de Autocuidado

ACTIVIDAD: Enseña a tu hijo a realizar tareas básicas de autocuidado, como lavarse las manos, cepillarse los dientes y vestirse. Usa guías visuales o canciones para hacer estas actividades más accesibles y divertidas.

Objetivo: Promover la independencia y la responsabilidad personal. Las habilidades de autocuidado son fundamentales para que los niños se conviertan en individuos autónomos y seguros de sí mismos.

Consejo: Proporciona opciones y permite a tu hijo elegir entre diferentes actividades o ropa. Esto les da una sensación de control y les anima a participar activamente.

2. Crear un Espacio de Estudio o Actividades

ACTIVIDAD: Designa un área específica para actividades como la lectura, los juegos educativos o el arte. Asegúrate de que el espacio esté organizado y sea atractivo para tu hijo.

Objetivo: Fomentar un ambiente de aprendizaje y creatividad. Un espacio dedicado ayuda a tu hijo a concentrarse en las actividades y a desarrollar una actitud positiva hacia el aprendizaje.

Consejo: Personaliza el espacio con los intereses de tu hijo, como posters o materiales educativos que les motiven a explorar y aprender.

Capítulo 8: Cómo Manejar el Estrés y la Ansiedad en la Infancia

Introducción al Capítulo

El estrés y la ansiedad no son solo preocupaciones de adultos; los niños también pueden experimentar estas emociones. Para los niños de 3 a 6 años, enfrentar situaciones nuevas o desafiantes puede resultar abrumador. En este capítulo, exploraremos cómo identificar señales de estrés y ansiedad en los más pequeños y ofrecer estrategias efectivas para ayudarles a manejar estos sentimientos. Con un enfoque empático y práctico, te proporcionaremos herramientas para crear un entorno más tranquilo y apoyar el bienestar emocional de tus hijos.

Reconociendo el Estrés y la Ansiedad en los Niños

1. Señales Comunes de Estrés en la Infancia

ACTIVIDAD: Observa el comportamiento de tu hijo para identificar signos de estrés, como cambios en el apetito, problemas para dormir, irritabilidad o comportamientos regresivos (como mojar la cama). Habla con tu hijo sobre cómo se siente y pregúntales si hay algo que les preocupa.

Objetivo: Reconocer los síntomas de estrés para poder abordarlos de manera efectiva. Entender cómo se manifiesta el estrés en los niños ayuda a intervenir antes de que se convierta en un problema mayor.

Consejo: No te limites a observar; también habla con los cuidadores y maestros para obtener una visión completa de cualquier cambio en el comportamiento.

2. Identificar Causas Comunes de Ansiedad

ACTIVIDAD: Realiza una conversación abierta con tu hijo para entender lo que les preocupa. Puede ser útil crear un "diario de sentimientos" donde tu hijo pueda expresar sus emociones y cualquier cosa que les cause ansiedad.

Objetivo: Comprender las fuentes de ansiedad para abordarlas de manera efectiva. Conocer las causas subyacentes ayuda a implementar estrategias adecuadas para reducir la ansiedad.

Consejo: Sé paciente y escucha activamente. A veces, las causas de la ansiedad pueden parecer menores para los adultos, pero pueden ser muy significativas para los niños.

Estrategias para Manejar el Estrés y la Ansiedad

1. Técnicas de Relajación y Respiración

ACTIVIDAD: Enseña a tu hijo técnicas simples de relajación, como la respiración profunda. Un ejercicio común es "la respiración del globo": inhala profundamente y luego exhala lentamente, imaginando que estás inflando y desinflando un globo.

Objetivo: Ayudar a los niños a calmarse y reducir la ansiedad mediante técnicas de respiración. Las técnicas de relajación también pueden mejorar la concentración y el bienestar general.

Consejo: Practica las técnicas de relajación regularmente, no solo cuando tu hijo esté estresado. Esto ayudará a que se conviertan en una herramienta útil y familiar.

2. Crear un Espacio Seguro y Tranquilo

ACTIVIDAD: Designa un rincón en la casa como un "espacio de calma" donde tu hijo pueda ir cuando se sienta abrumado. Decora el espacio con almohadas suaves, libros tranquilos y juguetes relajantes.

Objetivo: Proporcionar un lugar donde el niño pueda retirarse y relajarse cuando se sienta estresado. Un espacio seguro ayuda a los niños a manejar sus emociones de manera constructiva.

Consejo: Anima a tu hijo a personalizar el espacio con elementos que les resulten reconfortantes, como sus peluches favoritos o dibujos.

3. Establecer Rutinas Consistentes

ACTIVIDAD: Mantén rutinas diarias consistentes para proporcionar un sentido de seguridad. Esto incluye horarios regulares para las comidas, el sueño y las actividades diarias.

Objetivo: Reducir la incertidumbre y el estrés proporcionando una estructura clara. Las rutinas predecibles ayudan a los niños a sentirse más seguros y a manejar mejor las transiciones.

Consejo: Si necesitas hacer cambios en la rutina, comunícalo con antelación y explica a tu hijo cómo será el nuevo plan para que puedan adaptarse con más facilidad.

Fomentar una Comunicación Abierta

1. Hablar Abiertamente sobre Sentimientos

ACTIVIDAD: Anima a tu hijo a hablar sobre sus sentimientos usando un "termómetro de emociones" que muestre diferentes grados de malestar. Habla sobre cómo se siente y valida sus emociones.

Objetivo: Ayudar a los niños a expresar sus sentimientos de manera abierta y segura. La comunicación abierta fomenta la comprensión y el apoyo emocional.

Consejo: Usa un lenguaje sencillo y adecuado para la edad de tu hijo. Pregunta regularmente cómo se sienten y ofrece tu apoyo incondicional.

2. Implementar Actividades de Mindfulness

ACTIVIDAD: Introduce actividades de mindfulness adaptadas a la edad, como escuchar música suave, hacer ejercicios de estiramiento o practicar la atención plena con juegos simples.

Objetivo: Promover la capacidad de los niños para estar presentes y gestionar sus emociones. El mindfulness ayuda a los niños a concentrarse en el momento presente y a reducir el estrés.

Consejo: Mantén las sesiones de mindfulness cortas y agradables. La idea es que estas actividades se conviertan en una parte natural y positiva de su rutina diaria.

Buscar Apoyo Profesional si es Necesario

1. Consultar con un Especialista

ACTIVIDAD: Si notas que el estrés o la ansiedad de tu hijo son persistentes y afectan su bienestar diario, considera buscar la ayuda de un psicólogo infantil o un consejero especializado.

Objetivo: Obtener un diagnóstico adecuado y estrategias de intervención específicas. Un especialista puede ofrecer apoyo adicional y recursos para ayudar a tu hijo a manejar sus emociones de manera efectiva.

Consejo: No dudes en buscar ayuda si sientes que lo necesitas. El bienestar emocional de tu hijo es importante y hay profesionales capacitados para ofrecer apoyo.

Capítulo 9: Cómo Promover el Aprendizaje Independiente y la Autonomía

Introducción al Capítulo

FOMENTAR LA INDEPENDENCIA y la autonomía en los niños de 3 a 6 años es como plantar semillas para su crecimiento futuro. Al darles la oportunidad de tomar decisiones y realizar tareas por sí mismos, les estamos enseñando habilidades valiosas que les servirán toda la vida. En este capítulo, exploraremos estrategias efectivas para promover el aprendizaje independiente y ayudar a tus hijos a desarrollar la confianza y la capacidad para manejar sus responsabilidades. Prepárate para ver cómo tu pequeño puede pasar de necesitar ayuda constante a manejar tareas con entusiasmo y autonomía.

Fomentando la Independencia en el Hogar

1. Establecer Tareas Diarias Simples

ACTIVIDAD: Asigna tareas diarias adecuadas para la edad de tu hijo, como poner la mesa, organizar sus juguetes o ayudar a preparar la comida. Usa listas visuales con imágenes para que sepan qué se espera de ellos.

Objetivo: Desarrollar habilidades de responsabilidad y autonomía. Las tareas diarias permiten a los niños sentirse útiles y les enseñan a manejar sus propias responsabilidades.

Consejo: Comienza con tareas simples y aumenta la complejidad gradualmente a medida que tu hijo gane confianza y habilidades.

2. Permitir que Tomen Decisiones Pequeñas

ACTIVIDAD: Ofrece a tu hijo opciones limitadas para tomar decisiones, como elegir entre dos camisetas para ponerse o seleccionar una fruta para el desayuno. Asegúrate de que las opciones sean apropiadas y manejables.

Objetivo: Fomentar la toma de decisiones y la confianza en sus elecciones. Permitir que tu hijo tome decisiones pequeñas les ayuda a sentirse empoderados y a desarrollar habilidades de toma de decisiones.

Consejo: Celebra las elecciones de tu hijo, independientemente de cuál sea la opción, para reforzar su confianza en sus decisiones.

3. Crear un Entorno de Aprendizaje Autodirigido

ACTIVIDAD: Diseña un espacio en casa donde tu hijo pueda explorar y aprender de manera independiente, como una "zona de actividades" con materiales educativos, libros y juegos. Deja que elijan cómo utilizar el espacio y qué actividades realizar.

Objetivo: Estimular la curiosidad y el aprendizaje autónomo. Un entorno dedicado a la exploración permite a los niños seguir sus intereses y aprender a su propio ritmo.

Consejo: Actualiza el contenido de la zona de actividades regularmente para mantener el interés y ofrecer nuevos desafíos.

Fomentando la Autonomía en el Aprendizaje

1. Promover el Uso de Recursos Educativos

ACTIVIDAD: Introduce a tu hijo a recursos educativos apropiados para su edad, como libros, aplicaciones educativas y juegos de mesa. Permíteles explorar estos recursos por su cuenta y descubrir nuevas formas de aprender.

Objetivo: Facilitar el aprendizaje autodirigido y la exploración independiente. Los recursos educativos permiten a los niños adquirir conocimientos y habilidades de manera autónoma.

Consejo: Selecciona recursos que se alineen con los intereses de tu hijo para mantener su motivación y entusiasmo por el aprendizaje.

2. Fomentar la Resolución de Problemas Independiente

ACTIVIDAD: Presenta a tu hijo desafíos apropiados para su edad, como rompecabezas o acertijos, y anímales a resolverlos sin intervención constante. Ofrece ayuda solo si es necesario y celebra sus éxitos.

Objetivo: Desarrollar habilidades de resolución de problemas y pensamiento crítico. Fomentar la independencia en la resolución de problemas ayuda a los niños a desarrollar confianza en sus habilidades.

Consejo: Proporciona pistas y apoyo gradual en lugar de respuestas directas. Esto les permite desarrollar habilidades de pensamiento autónomas.

3. Establecer Metas y Celebrar Logros

ACTIVIDAD: Trabaja con tu hijo para establecer metas pequeñas y alcanzables, como completar una tarea diaria o aprender una nueva habilidad. Celebra sus logros y esfuerzo con elogios y recompensas simbólicas.

Objetivo: Motivar a los niños a esforzarse y alcanzar sus objetivos. Establecer metas y reconocer los logros refuerza la autoestima y el sentido de logro.

Consejo: Haz que las metas sean específicas y realistas para evitar la frustración. El proceso de alcanzar las metas debe ser tan satisfactorio como el resultado.

Desarrollando la Autonomía en el Entorno Escolar

1. Fomentar la Participación en Actividades Escolares

ACTIVIDAD: Anima a tu hijo a participar en actividades escolares o extracurriculares que les interesen, como clubes, deportes o proyectos. Permíteles asumir responsabilidades en estas actividades.

Objetivo: Apoyar el desarrollo de habilidades sociales y de gestión del tiempo. La participación activa en actividades escolares fomenta la autonomía y la interacción con otros niños.

Consejo: Apoya sus intereses y proporciona aliento en lugar de presionar para lograr resultados. La participación debe ser una experiencia positiva y enriquecedora.

2. Apoyar la Comunicación y la Autoexpresión

ACTIVIDAD: Enseña a tu hijo a comunicarse de manera efectiva con sus maestros y compañeros. Anímales a expresar sus necesidades, preguntas y opiniones de manera respetuosa.

Objetivo: Desarrollar habilidades de comunicación y autoexpresión. La capacidad de comunicarse claramente es fundamental para la autonomía en el entorno escolar y en la vida cotidiana.

Consejo: Practica situaciones de comunicación en casa para que tu hijo se sienta cómodo expresándose en diferentes contextos.

3. Fomentar la Autonomía en las Tareas Escolares

ACTIVIDAD: Establece un espacio en casa para que tu hijo haga sus tareas escolares de manera independiente. Proporciona una rutina y estructura para el tiempo de estudio, y ofrece apoyo cuando sea necesario, pero permite que asuman la responsabilidad de su trabajo.

Objetivo: Promover la independencia en el aprendizaje y la gestión del tiempo. La autonomía en las tareas escolares ayuda a los niños a desarrollar habilidades de organización y responsabilidad.

Consejo: Revisa el trabajo y ofrece retroalimentación constructiva en lugar de hacerlo por ellos. Esto les ayuda a aprender y crecer de manera autónoma.

Capítulo 10: Cómo Fomentar la Resiliencia y la Adaptabilidad en los Niños

Introducción al Capítulo

La resiliencia y la adaptabilidad son como superpoderes emocionales que ayudan a los niños a enfrentar desafíos, superar obstáculos y adaptarse a los cambios de manera positiva. En el mundo actual, donde las circunstancias pueden cambiar rápidamente, estos rasgos son esenciales para el bienestar y el éxito de los niños. En este capítulo, exploraremos cómo puedes cultivar estas cualidades en tus hijos, dándoles las herramientas necesarias para manejar la adversidad y adaptarse a nuevas situaciones con confianza. Prepárate para convertirte en el entrenador de resiliencia de tu pequeño, con estrategias y actividades que fortalecerán su capacidad para enfrentar el mundo.

Cultivando la Resiliencia en los Niños

1. Modelar una Actitud Positiva ante los Desafíos

ACTIVIDAD: Muestra a tu hijo cómo enfrentas los desafíos con una actitud positiva. Comparte ejemplos de problemas que has resuelto o dificultades que has superado, y cómo mantuviste una mentalidad optimista.

Objetivo: Enseñar a los niños que es posible enfrentar y superar dificultades con una actitud positiva. Los niños aprenden observando a los adultos, por lo que tu comportamiento ante los desafíos es un modelo importante.

Consejo: Usa el humor y la perspectiva para reducir el estrés asociado con los problemas. Un enfoque relajado y positivo puede hacer que los desafíos parezcan menos intimidantes.

2. Fomentar la Resolución de Problemas

ACTIVIDAD: Presenta a tu hijo problemas adecuados para su edad y anímales a pensar en soluciones. Por ejemplo, si un juguete está roto, pregunta qué podrían hacer para arreglarlo o cómo podrían jugar con algo diferente.

Objetivo: Desarrollar habilidades de resolución de problemas y promover la autoconfianza. La capacidad para encontrar soluciones efectivas es clave para la resiliencia.

Consejo: Ofrece apoyo y orientación si es necesario, pero permite que tu hijo tome la iniciativa en el proceso de resolución de problemas. Esto refuerza su sentido de competencia y autonomía.

3. Reforzar el Valor del Esfuerzo y la Perseverancia

ACTIVIDAD: Celebra los esfuerzos y el progreso de tu hijo, no solo los logros. Elogia el trabajo duro y la perseverancia, y destaca los aprendizajes obtenidos durante el proceso, incluso si el resultado no es perfecto.

Objetivo: Enfatizar que el esfuerzo y la perseverancia son valiosos, independientemente del resultado final. Reconocer el proceso ayuda a construir una mentalidad de crecimiento.

Consejo: Usa historias y ejemplos de personajes que hayan perseverado ante desafíos para inspirar a tu hijo. La narrativa puede ser una poderosa herramienta de motivación.

Fomentando la Adaptabilidad en los Niños

1. Exponer a los Niños a Nuevas Experiencias

ACTIVIDAD: Introduce a tu hijo a nuevas actividades, lugares y situaciones. Esto puede incluir probar una nueva comida, visitar un lugar diferente o participar en una actividad extracurricular desconocida.

Objetivo: Ampliar la zona de confort de tu hijo y fomentar la flexibilidad. La exposición a nuevas experiencias ayuda a los niños a adaptarse a diferentes circunstancias y a enfrentar lo desconocido con una actitud abierta.

Consejo: Introduce cambios gradualmente y ofrece apoyo durante el proceso. Asegúrate de que las nuevas experiencias sean positivas y emocionantes para evitar la ansiedad.

2. Enseñar Estrategias de Adaptación

ACTIVIDAD: Ayuda a tu hijo a identificar y practicar estrategias para manejar los cambios. Por ejemplo, si están cambiando de rutina o entorno, enséñales técnicas de respiración o formas de relajarse.

Objetivo: Equipar a los niños con herramientas prácticas para manejar la adaptación a nuevas situaciones. Las estrategias de adaptación ayudan a reducir el estrés asociado con los cambios.

Consejo: Practica las estrategias de adaptación juntos en situaciones cotidianas para que se sientan cómodos usándolas cuando enfrenten cambios más grandes.

3. Promover la Autoestima y la Confianza en Sí Mismos

ACTIVIDAD: Fomenta la autoafirmación y la autocompasión en tu hijo mediante afirmaciones positivas y actividades que refuercen su autoestima. Anímales a identificar sus fortalezas y logros.

Objetivo: Construir una sólida base de autoestima que permita a los niños enfrentarse a los desafíos con confianza. Una autoestima saludable es fundamental para la resiliencia y la adaptabilidad.

Consejo: Sé específico en tus elogios y refuerza las cualidades que aprecias en tu hijo. La retroalimentación positiva debe ser sincera y basada en observaciones concretas.

Desarrollando una Mentalidad de Crecimiento

1. Fomentar la Curiosidad y el Aprendizaje Continuo

ACTIVIDAD: Anima a tu hijo a hacer preguntas y a buscar respuestas sobre el mundo que les rodea. Proporciona materiales y oportunidades para explorar sus intereses y descubrir nuevas cosas.

Objetivo: Estimular una mentalidad de crecimiento y una actitud de aprendizaje continuo. La curiosidad y el deseo de aprender son componentes clave para adaptarse y prosperar en nuevas situaciones.

Consejo: Celebra los esfuerzos de tu hijo por aprender algo nuevo y explora juntos sus áreas de interés. El aprendizaje debe ser una experiencia divertida y enriquecedora.

2. Promover la Reflexión y el Aprendizaje de los Errores

ACTIVIDAD: Después de enfrentar un desafío o cometer un error, conversa con tu hijo sobre lo que aprendieron y cómo podrían abordar la situación de manera diferente en el futuro. Usa ejemplos y anécdotas para ilustrar el aprendizaje.

Objetivo: Ayudar a los niños a ver los errores como oportunidades de aprendizaje en lugar de fracasos. La reflexión sobre los errores promueve la resiliencia y la capacidad de adaptación.

Consejo: Mantén una actitud positiva y constructiva durante estas conversaciones. Anima a tu hijo a ver los errores como parte natural del proceso de aprendizaje.

Capítulo 11: Cómo Fortalecer la Autoestima y la Confianza en los Niños

Introducción al Capítulo

La autoestima y la confianza en uno mismo son las bases sobre las que los niños construyen su visión del mundo y su lugar en él. Fortalecer estas cualidades en los niños de 3 a 6 años les ayuda a enfrentar desafíos con seguridad y a desarrollar una actitud positiva hacia sí mismos. En este capítulo, exploraremos cómo puedes cultivar la autoestima y la confianza en tu hijo, proporcionando herramientas prácticas y estrategias efectivas para apoyar su desarrollo emocional. Prepárate para ser el cheerleader de tu pequeño, celebrando cada logro y apoyándolos en cada paso del camino.

Fortaleciendo la Autoestima en los Niños

1. Elogiar el Esfuerzo, no Solo el Resultado

ACTIVIDAD: Cuando tu hijo complete una tarea o logre algo, elogia el esfuerzo y la dedicación que pusieron en ello, no solo el resultado final. Por ejemplo, si dibujaron un dibujo, destaca lo bien que trabajaron en los detalles y la creatividad que mostraron.

Objetivo: Enseñar a los niños que el valor reside en el esfuerzo y la perseverancia. Esto fomenta una mentalidad de crecimiento y ayuda a los niños a desarrollar una autoestima saludable basada en sus esfuerzos.

Consejo: Usa elogios específicos en lugar de generales. En lugar de decir "¡Buen trabajo!", di "Me encanta cómo usaste tantos colores en tu dibujo."

2. Fomentar la Autonomía y la Toma de Decisiones

ACTIVIDAD: Ofrece a tu hijo la oportunidad de tomar decisiones pequeñas, como elegir su ropa o decidir qué actividad hacer después de la escuela. Permíteles asumir la responsabilidad de sus elecciones y aprender de las consecuencias.

Objetivo: Desarrollar un sentido de autonomía y competencia. La capacidad para tomar decisiones y ver los resultados ayuda a fortalecer la confianza en uno mismo.

Consejo: Asegúrate de que las decisiones sean apropiadas para su edad y que se sientan seguros al tomarlas. La autonomía debe ser alentadora, no estresante.

3. Establecer Metas Realistas y Celebrar Logros

ACTIVIDAD: Ayuda a tu hijo a establecer metas pequeñas y alcanzables en diferentes áreas, como completar un rompecabezas o aprender una nueva habilidad. Celebra cada logro con entusiasmo y reconocimiento.

Objetivo: Fomentar un sentido de logro y competencia. El establecimiento de metas y la celebración de los logros refuerzan la autoestima y motivan a los niños a continuar esforzándose.

Consejo: Mantén las metas realistas y apropiadas para la edad. Asegúrate de que el proceso sea positivo y gratificante.

Desarrollando la Confianza en los Niños

1. Brindar Apoyo Incondicional y Elogios

ACTIVIDAD: Expresa apoyo y aliento a tu hijo en todas las áreas de su vida. Asegúrate de que sepan que los amas y valoras independientemente de los resultados de sus esfuerzos.

Objetivo: Construir una base sólida de confianza y seguridad. El apoyo incondicional ayuda a los niños a sentirse aceptados y valorados, lo que refuerza su confianza en sí mismos.

Consejo: Evita comparaciones con otros niños. Cada niño tiene sus propios talentos y ritmos de desarrollo, y el apoyo debe centrarse en sus fortalezas individuales.

2. Fomentar la Autoexpresión y la Creatividad

ACTIVIDAD: Proporciona a tu hijo oportunidades para expresar sus sentimientos y creatividad mediante actividades como el arte, la música o el juego simbólico. Anímales a explorar y compartir sus ideas.

Objetivo: Ayudar a los niños a desarrollar una autoexpresión saludable y a sentirse cómodos con sus propios pensamientos y sentimientos. La creatividad y la autoexpresión son importantes para la confianza en uno mismo.

Consejo: Valora y muestra interés en sus creaciones y expresiones. La retroalimentación positiva y el reconocimiento de sus esfuerzos creativos refuerzan su autoestima.

3. Enseñar la Autoafirmación Positiva

ACTIVIDAD: Introduce a tu hijo a la práctica de la autoafirmación mediante frases positivas que puedan decirse a sí mismos. Por ejemplo, pueden decir: "Soy valiente" o "Puedo hacerlo."

Objetivo: Reforzar una actitud positiva hacia uno mismo y aumentar la confianza en las propias habilidades. Las autoafirmaciones ayudan a los niños a internalizar una autoimagen positiva.

Consejo: Practica las autoafirmaciones juntos y hazlo una rutina diaria. Asegúrate de que las afirmaciones sean realistas y reflejen las cualidades y logros de tu hijo.

Apoyando el Desarrollo de la Autoestima en el Entorno Social

1. Fomentar Relaciones Positivas con Otros Niños

ACTIVIDAD: Facilita oportunidades para que tu hijo interactúe con otros niños en entornos positivos, como grupos de juego, clases extracurriculares o actividades en grupo.

Objetivo: Ayudar a los niños a desarrollar habilidades sociales y a construir relaciones positivas con sus compañeros. Las interacciones sociales saludables contribuyen a la autoestima y la confianza en uno mismo.

Consejo: Asegúrate de que las experiencias sociales sean positivas y apropiadas para la edad. La calidad de las interacciones es más importante que la cantidad.

2. Enseñar Habilidades Sociales y de Comunicación

ACTIVIDAD: Trabaja con tu hijo en habilidades sociales básicas, como compartir, escuchar y comunicarse de manera efectiva. Usa juegos y situaciones cotidianas para practicar estas habilidades.

Objetivo: Desarrollar habilidades de comunicación y habilidades sociales que refuercen la confianza en uno mismo y faciliten las interacciones positivas con los demás.

Consejo: Modela y refuerza comportamientos sociales positivos mediante tu propio ejemplo. Los niños aprenden mucho observando a los adultos a su alrededor.

3. Proporcionar Retroalimentación Constructiva

ACTIVIDAD: Ofrece retroalimentación constructiva y específica sobre el comportamiento y los logros de tu hijo. Enfócate en cómo pueden mejorar en lugar de simplemente señalar errores.

Objetivo: Ayudar a los niños a entender cómo pueden crecer y mejorar de manera positiva. La retroalimentación constructiva es esencial para el desarrollo de la confianza y la autoestima.

Consejo: Usa un enfoque equilibrado que combine elogios y sugerencias de mejora. La retroalimentación debe ser alentadora y orientada a la solución.

Capítulo 12: Cómo Fomentar la Responsabilidad y la Gestión del Tiempo en los Niños

Introducción al Capítulo

Enseñar a los niños la responsabilidad y la gestión del tiempo es como darles un mapa para navegar en el mundo de las obligaciones y las actividades. Desde mantener sus pertenencias en orden hasta aprender a seguir una rutina, estas habilidades son fundamentales para el desarrollo de una vida organizada y exitosa. En este capítulo, exploraremos cómo puedes inculcar en tus hijos de 3 a 6 años los principios de la responsabilidad y la gestión del tiempo, preparando el camino para que se conviertan en adultos organizados y conscientes. Prepárate para convertir a tus pequeños en maestros de la gestión del tiempo con estos consejos prácticos y actividades divertidas.

Fomentando la Responsabilidad en los Niños

1. Asignar Tareas Adecuadas para la Edad

ACTIVIDAD: Asigna a tu hijo tareas diarias simples y apropiadas para su edad, como poner sus juguetes en su lugar, ayudar a limpiar la mesa o vestir su ropa. Usa listas visuales con imágenes para que sepan qué hacer.

Objetivo: Enseñar a los niños la importancia de asumir responsabilidades y contribuir al hogar. Las tareas diarias desarrollan un sentido de logro y pertenencia.

Consejo: Asegúrate de que las tareas sean manejables y que tu hijo pueda completarlas con éxito. La consistencia en las responsabilidades ayuda a establecer rutinas.

2. Crear un Sistema de Recompensas

ACTIVIDAD: Establece un sistema de recompensas simples para motivar a tu hijo a cumplir con sus responsabilidades. Por ejemplo, usa una tabla de estrellas donde pueda ganar una estrella por cada tarea completada, y canjear un premio al alcanzar un número determinado.

Objetivo: Motivar a los niños a asumir responsabilidades y completar tareas con entusiasmo. Un sistema de recompensas refuerza el comportamiento positivo y la constancia.

Consejo: Asegúrate de que las recompensas sean pequeñas y apropiadas, como tiempo extra para jugar o una actividad especial en familia. Las recompensas deben ser estimulantes pero no excesivas.

3. Enseñar la Organización Personal

ACTIVIDAD: Ayuda a tu hijo a organizar sus pertenencias, como ropa, juguetes y materiales escolares. Usa contenedores etiquetados y cajas de almacenamiento para que pueda encontrar y guardar sus cosas fácilmente.

Objetivo: Desarrollar habilidades de organización y mantener el entorno ordenado. La organización personal fomenta la responsabilidad y facilita la gestión del tiempo.

Consejo: Hacer de la organización un juego o actividad divertida puede motivar a tu hijo a participar. Establece rutinas diarias para mantener el orden.

Desarrollando la Gestión del Tiempo en los Niños

1. Establecer Rutinas Diarias Consistentes

ACTIVIDAD: Crea un horario visual para las rutinas diarias de tu hijo, como la hora de despertarse, las comidas, el tiempo de juego y la hora de acostarse. Utiliza imágenes y relojes para representar cada actividad.

Objetivo: Proporcionar estructura y previsibilidad en el día a día. Las rutinas consistentes ayudan a los niños a aprender a gestionar su tiempo y a seguir una agenda.

Consejo: Mantén la rutina flexible para adaptarte a cambios y eventos especiales. La consistencia es clave, pero también es importante ser adaptable.

2. Introducir Conceptos Básicos de Tiempo

ACTIVIDAD: Enseña a tu hijo conceptos básicos de tiempo usando relojes y temporizadores. Por ejemplo, usa un temporizador para contar el tiempo que queda para una actividad o para la hora de acostarse.

Objetivo: Ayudar a los niños a comprender el concepto del tiempo y cómo se relaciona con sus actividades diarias. Los conceptos básicos de tiempo son fundamentales para una buena gestión del tiempo.

Consejo: Hacer que el aprendizaje del tiempo sea interactivo y visual puede facilitar la comprensión. Los relojes y temporizadores coloridos pueden ser herramientas útiles.

3. Fomentar la Planificación y la Preparación

ACTIVIDAD: Anima a tu hijo a planificar su día o semana, ayudándoles a elegir actividades y preparar su ropa o materiales para el día siguiente. Usa una pizarra o una agenda para visualizar y organizar las tareas.

Objetivo: Desarrollar habilidades de planificación y anticipación. La capacidad de prepararse para el futuro es esencial para una buena gestión del tiempo.

Consejo: Revisa y ajusta el plan juntos, permitiendo que tu hijo participe en el proceso de toma de decisiones. La planificación debe ser una actividad colaborativa y positiva.

Manejando el Tiempo en Situaciones Especiales

1. Prepararse para Cambios en la Rutina

ACTIVIDAD: Habla con tu hijo sobre cambios en la rutina, como vacaciones o eventos especiales, y ayúdales a entender cómo afectarán su horario diario. Usa una agenda visual para representar los cambios.

Objetivo: Preparar a los niños para adaptarse a cambios y nuevas situaciones. La preparación para cambios ayuda a reducir la ansiedad y facilita la transición.

Consejo: Mantén la comunicación abierta y proporciona apoyo emocional durante los cambios. La flexibilidad y la comprensión son importantes para manejar la transición.

2. Enseñar a Priorizar Tareas

ACTIVIDAD: Ayuda a tu hijo a identificar tareas importantes y urgentes, como terminar una tarea escolar antes de jugar. Usa una lista de tareas con imágenes para que puedan ver y organizar sus prioridades.

Objetivo: Desarrollar habilidades de priorización y toma de decisiones. La capacidad de priorizar tareas ayuda a los niños a gestionar su tiempo de manera más efectiva.

Consejo: Practica la priorización con ejemplos simples y apropiados para la edad. Asegúrate de que tu hijo entienda la importancia de completar tareas antes de pasar a otras actividades.

3. Enseñar a Manejar el Tiempo Libre

ACTIVIDAD: Establece tiempos específicos para actividades recreativas y asegúrate de que tu hijo entienda la importancia de equilibrar el tiempo entre el trabajo y el juego. Usa un reloj o temporizador para gestionar el tiempo de juego.

Objetivo: Ayudar a los niños a equilibrar el tiempo entre actividades productivas y recreativas. La gestión del tiempo libre es crucial para mantener un estilo de vida saludable y equilibrado.

Consejo: Ofrece opciones variadas para el tiempo libre y permite que tu hijo elija cómo utilizar su tiempo de manera creativa. El equilibrio entre el trabajo y el juego fomenta un enfoque saludable hacia la gestión del tiempo.

Capítulo 13: Cómo Fomentar el Trabajo en Equipo y las Habilidades Sociales

Introducción al Capítulo

El trabajo en equipo y las habilidades sociales son esenciales para la vida en comunidad y el éxito personal. Para los niños de 3 a 6 años, aprender a colaborar, comunicarse y resolver conflictos es como aprender a bailar al ritmo de una canción en equipo. En este capítulo, exploraremos cómo puedes enseñar a tu hijo a trabajar bien con otros y desarrollar habilidades sociales que les ayudarán en todas las áreas de su vida. Prepárate para ser el entrenador de habilidades sociales de tu pequeño, con estrategias divertidas y efectivas para fomentar el trabajo en equipo y las interacciones positivas.

Fomentando el Trabajo en Equipo en los Niños

1. Promover la Colaboración en Actividades de Juego

ACTIVIDAD: Organiza juegos en los que tu hijo tenga que colaborar con otros niños, como construir una torre con bloques juntos o resolver un rompecabezas en equipo. Establece metas y anima a los niños a trabajar juntos para alcanzarlas.

Objetivo: Desarrollar habilidades de colaboración y cooperación. El trabajo en equipo en el juego ayuda a los niños a aprender cómo compartir responsabilidades y trabajar hacia un objetivo común.

Consejo: Asegúrate de que todos los niños tengan la oportunidad de contribuir y que el juego sea divertido y alentador. La colaboración debe ser una experiencia positiva y gratificante.

2. Establecer Reglas para el Trabajo en Equipo

ACTIVIDAD: En casa, establece reglas simples para el trabajo en equipo, como esperar su turno, escuchar a los demás y ayudar a los compañeros. Usa ejemplos de situaciones diarias para ilustrar las reglas.

Objetivo: Enseñar a los niños las normas básicas de interacción y cooperación. Las reglas claras y consistentes ayudan a los niños a entender cómo comportarse en un entorno de equipo.

Consejo: Refuerza las reglas con ejemplos y práctica. Asegúrate de que las expectativas sean claras y que todos los niños comprendan cómo deben interactuar.

3. Realizar Actividades en Grupo

ACTIVIDAD: Organiza actividades en grupo, como proyectos de arte, juegos de mesa o tareas de limpieza. Anima a los niños a trabajar juntos y a asumir roles diferentes en la actividad.

Objetivo: Fomentar la experiencia de trabajar en un grupo y aprender a coordinarse con otros. Las actividades en grupo ayudan a los niños a desarrollar habilidades de comunicación y cooperación.

Consejo: Varía las actividades y los roles para mantener el interés y la participación. La experiencia grupal debe ser enriquecedora y educativa.

Desarrollando Habilidades Sociales en los Niños

1. Enseñar la Empatía y la Comprensión

ACTIVIDAD: Utiliza libros o historias que muestren situaciones en las que los personajes experimenten diferentes emociones. Después de leer, conversa con tu hijo sobre cómo se sentirían en esas situaciones y cómo podrían ayudar a los demás.

Objetivo: Desarrollar la capacidad de entender y compartir los sentimientos de los demás. La empatía es una habilidad social fundamental que ayuda a construir relaciones positivas.

Consejo: Usa ejemplos concretos y preguntas abiertas para fomentar la reflexión. La empatía se fortalece mediante la conversación y la reflexión sobre las emociones.

2. Practicar la Comunicación Asertiva

ACTIVIDAD: Enseña a tu hijo a expresar sus sentimientos y necesidades de manera clara y respetuosa. Practica escenarios en los que puedan usar frases como "Me siento triste cuando..." o "Me gustaría que..."

Objetivo: Desarrollar habilidades de comunicación asertiva que ayuden a los niños a expresar sus pensamientos y sentimientos de manera efectiva. La comunicación clara y respetuosa es clave para relaciones saludables.

Consejo: Modela la comunicación asertiva en tus propias interacciones. Los niños aprenden mucho observando cómo los adultos se comunican.

3. Resolver Conflictos de Manera Constructiva

ACTIVIDAD: Cuando surjan conflictos entre tu hijo y otros niños, guíalos a través del proceso de resolución. Enséñales a identificar el problema, escuchar las perspectivas de los demás y encontrar una solución que sea justa para todos.

Objetivo: Equipar a los niños con habilidades para manejar y resolver conflictos de manera positiva. La resolución de conflictos es una habilidad esencial para mantener relaciones armoniosas.

Consejo: Mantén la calma y sé imparcial durante los conflictos. Ayuda a los niños a enfocarse en soluciones y en la comunicación abierta.

Fomentando la Amistad y las Relaciones Positivas

1. Facilitar Oportunidades para Hacer Amigos

ACTIVIDAD: Organiza encuentros y actividades con otros niños para que tu hijo tenga la oportunidad de hacer amigos. Participa en grupos de juego, clases extracurriculares o eventos comunitarios.

Objetivo: Ofrecer a los niños oportunidades para socializar y formar amistades. Las interacciones sociales ayudan a desarrollar habilidades sociales y a construir relaciones positivas.

Consejo: Asegúrate de que las actividades sean apropiadas para la edad y que proporcionen un entorno positivo y seguro para socializar.

2. Fomentar el Respeto y la Inclusión

ACTIVIDAD: Enseña a tu hijo a respetar las diferencias y a ser inclusivo con todos los niños, independientemente de sus habilidades o antecedentes. Utiliza ejemplos y situaciones para ilustrar la importancia del respeto y la inclusión.

Objetivo: Promover un entorno de respeto y aceptación. La inclusión y el respeto son fundamentales para construir relaciones positivas y para el desarrollo de habilidades sociales saludables.

Consejo: Celebra la diversidad y enseña a tu hijo a valorar las cualidades únicas de cada persona. La inclusión debe ser una actitud natural y apreciativa.

3. Modelar Comportamientos Sociales Positivos

ACTIVIDAD: Sé un modelo a seguir en términos de comportamiento social. Muestra cómo interactuar de manera respetuosa, cómo resolver conflictos y cómo construir relaciones positivas a través de tu propio ejemplo.

Objetivo: Mostrar a los niños cómo comportarse en diferentes situaciones sociales. Los adultos son modelos importantes para los niños en términos de habilidades sociales y comportamiento.

Consejo: Usa oportunidades diarias para modelar y reforzar comportamientos positivos. La práctica constante ayuda a los niños a aprender y adoptar comportamientos sociales saludables.

Capítulo 14: Cómo Establecer y Mantener una Disciplina Positiva

Introducción al Capítulo

La disciplina positiva no es solo sobre establecer reglas y consecuencias, sino también sobre enseñar a los niños a tomar decisiones responsables y a comportarse de manera adecuada. Es como guiar un barco por aguas tranquilas, donde el objetivo es dirigir sin imponer. En este capítulo, exploraremos estrategias para implementar una disciplina que fomente el respeto y la cooperación, en lugar de solo obediencia. Prepárate para descubrir cómo puedes crear un ambiente donde tu hijo aprenda a comportarse de manera positiva y se sienta apoyado mientras crece.

Principios de la Disciplina Positiva

1. Establecer Reglas Claras y Consistentes

ACTIVIDAD: Crea un conjunto de reglas familiares simples y claras junto con tu hijo. Usa imágenes o dibujos para representar las reglas, y colócalas en un lugar visible para que todos puedan verlas.

Objetivo: Proporcionar una estructura clara para el comportamiento esperado. Las reglas claras ayudan a los niños a entender lo que se espera de ellos y a seguir las normas de manera consistente.

Consejo: Asegúrate de que las reglas sean razonables y apropiadas para la edad. Revisa y ajusta las reglas según sea necesario para mantenerlas relevantes y efectivas.

2. Aplicar Consecuencias de Manera Justa y Consistente

ACTIVIDAD: Discute con tu hijo las consecuencias de no seguir las reglas, de manera que entiendan el vínculo entre sus acciones y las consecuencias. Por ejemplo, si no recogen sus juguetes, podrían perder tiempo de juego.

Objetivo: Ayudar a los niños a aprender de sus errores y a entender las consecuencias de sus acciones. Las consecuencias deben ser justas, relacionadas con la infracción y aplicadas de manera consistente.

Consejo: Evita consecuencias demasiado severas o impredecibles. La consistencia y la justicia son clave para que las consecuencias sean efectivas y educativas.

3. Fomentar el Diálogo Abierto y Respetuoso

ACTIVIDAD: Dedica tiempo para hablar con tu hijo sobre sus acciones y comportamientos. Escucha sus perspectivas y discute cómo podrían manejar mejor las situaciones en el futuro.

Objetivo: Promover una comunicación abierta y respetuosa. El diálogo ayuda a los niños a entender el impacto de sus acciones y a encontrar soluciones a los problemas de manera conjunta.

Consejo: Mantén la calma y la paciencia durante las conversaciones. La empatía y la escucha activa facilitan una comunicación efectiva y constructiva.

Técnicas para Implementar la Disciplina Positiva

1. Reforzar el Comportamiento Positivo

ACTIVIDAD: Elogia y recompensa a tu hijo cuando muestre comportamientos positivos. Usa un sistema de refuerzo, como una tabla de recompensas, para motivar y reconocer sus esfuerzos.

Objetivo: Reforzar comportamientos deseables y motivar a los niños a seguir comportándose de manera positiva. El refuerzo positivo ayuda a establecer hábitos y actitudes positivas.

Consejo: Asegúrate de que las recompensas sean apropiadas y que el refuerzo sea inmediato para que los niños asocien sus acciones positivas con la recompensa.

2. Modelar el Comportamiento Esperado

ACTIVIDAD: Sé un modelo a seguir al demostrar el comportamiento que esperas de tu hijo. Muestra cómo resolver conflictos, cómo expresar sentimientos y cómo seguir las reglas de manera respetuosa.

Objetivo: Enseñar a los niños a través del ejemplo. Los niños aprenden mucho observando el comportamiento de los adultos y copiando lo que ven.

Consejo: Sé consistente en tus propios comportamientos y actitudes. La coherencia entre lo que dices y lo que haces refuerza las lecciones de disciplina.

3. Usar el Tiempo Fuera de Manera Constructiva

ACTIVIDAD: Si es necesario, utiliza el tiempo fuera de manera constructiva para que tu hijo pueda calmarse y reflexionar sobre su comportamiento. Asegúrate de que el tiempo fuera sea breve y proporcionado a la infracción.

Objetivo: Proporcionar un espacio para que los niños se calmen y reflexionen sobre su comportamiento. El tiempo fuera debe ser una oportunidad para el aprendizaje y no una forma de castigo.

Consejo: Asegúrate de que el tiempo fuera no sea demasiado largo y que se explique claramente por qué se está aplicando. El objetivo es ayudar al niño a reflexionar y a mejorar su comportamiento.

Promoviendo una Disciplina Positiva en el Entorno Familiar

1. Crear un Entorno de Apoyo y Comprensión

ACTIVIDAD: Fomenta un entorno en el que tu hijo se sienta apoyado y comprendido. Ofrece aliento y apoyo emocional en lugar de solo enfocarte en las infracciones.

Objetivo: Crear un entorno en el que los niños se sientan valorados y comprendidos. El apoyo emocional facilita la cooperación y el respeto hacia las normas.

Consejo: Proporciona afecto y reconocimiento, incluso cuando sea necesario corregir el comportamiento. El equilibrio entre apoyo y corrección es esencial para una disciplina positiva.

2. Involucrar a los Niños en la Resolución de Problemas

ACTIVIDAD: Cuando surjan problemas de comportamiento, involucra a tu hijo en la búsqueda de soluciones. Pregúntales cómo creen que podrían manejar mejor la situación y qué pueden hacer para evitar problemas futuros.

Objetivo: Fomentar la responsabilidad y la resolución de problemas. Involucrar a los niños en la resolución de problemas les ayuda a aprender a manejar conflictos y a tomar decisiones responsables.

Consejo: Anima a tu hijo a pensar en soluciones y a asumir la responsabilidad de sus acciones. La participación activa en la resolución de problemas fortalece su sentido de autonomía y responsabilidad.

3. Reforzar la Importancia de la Autodisciplina

ACTIVIDAD: Enseña a tu hijo la importancia de la autodisciplina mediante actividades que requieran paciencia y esfuerzo, como completar un proyecto a lo largo de varias sesiones.

Objetivo: Ayudar a los niños a desarrollar la autodisciplina y la capacidad de controlar sus impulsos. La autodisciplina es fundamental para el éxito en la vida y el desarrollo personal.

Consejo: Ofrece orientación y apoyo mientras tu hijo trabaja en tareas que requieren autodisciplina. Celebra sus logros y esfuerzo para mantener su motivación.

Capítulo 15: Cómo Promover la Independencia y la Autoeficacia en los Niños

Introducción al Capítulo

Fomentar la independencia y la autoeficacia en los niños es como darle a una planta la libertad de crecer a su manera. Al proporcionarles las herramientas y el espacio necesario, permitimos que florezcan con confianza y habilidades propias. En este capítulo, exploraremos cómo puedes apoyar a tu hijo para que desarrolle una actitud positiva hacia la autonomía y la autoeficacia, preparándolos para afrontar desafíos con confianza y determinación. Prepárate para ser el guía que inspira a tu pequeño a tomar las riendas de su propio crecimiento.

Fomentando la Independencia en los Niños

1. Ofrecer Oportunidades para Tomar Decisiones

ACTIVIDAD: Permite que tu hijo tome decisiones simples en su vida diaria, como elegir su ropa, decidir qué actividad hacer o seleccionar un libro para leer. Ofrece opciones limitadas para que puedan tomar decisiones de manera efectiva.

Objetivo: Desarrollar habilidades de toma de decisiones y fomentar un sentido de control y autonomía. Las decisiones pequeñas ayudan a los niños a sentirse responsables y capacitados.

Consejo: Asegúrate de que las opciones sean adecuadas para la edad y que las decisiones tengan consecuencias positivas. La toma de decisiones debe ser una experiencia empoderadora.

2. Enseñar Habilidades Prácticas

ACTIVIDAD: Enseña a tu hijo habilidades prácticas que puedan hacer por sí mismos, como vestirse, preparar una merienda simple o limpiar después de jugar. Usa pasos claros y prácticos para guiarles en el proceso.

Objetivo: Equipar a los niños con habilidades que les permitan realizar tareas diarias de forma independiente. Las habilidades prácticas fomentan la autoeficacia y la confianza en sus capacidades.

Consejo: Proporciona apoyo y paciencia mientras tu hijo aprende nuevas habilidades. Celebra sus logros y ofrécele ayuda solo cuando sea necesario.

3. Fomentar la Responsabilidad Personal

ACTIVIDAD: Asigna responsabilidades diarias o semanales a tu hijo, como cuidar una planta o ayudar con una tarea en casa. Usa un sistema de seguimiento para que puedan ver su progreso.

Objetivo: Promover la responsabilidad personal y el sentido de logro. Las responsabilidades enseñan a los niños la importancia de cumplir con sus compromisos y gestionar sus tareas.

Consejo: Asegúrate de que las responsabilidades sean apropiadas para su edad y capacidades. La responsabilidad debe ser una oportunidad para el crecimiento, no una carga.

Desarrollando la Autoeficacia en los Niños

1. Establecer Metas Alcanzables

ACTIVIDAD: Ayuda a tu hijo a establecer metas pequeñas y alcanzables para sus actividades diarias o proyectos, como completar un rompecabezas o aprender una nueva habilidad. Divide las metas en pasos manejables.

Objetivo: Fomentar un sentido de logro y confianza en la capacidad de alcanzar objetivos. Las metas alcanzables proporcionan una sensación de éxito y motivación.

Consejo: Celebra cada logro y ajusta las metas según sea necesario. El proceso de alcanzar metas debe ser positivo y alentador.

2. Fomentar la Persistencia y la Resiliencia

ACTIVIDAD: Anima a tu hijo a seguir intentando cuando enfrente desafíos. Usa ejemplos de personas famosas o personajes de cuentos que superaron dificultades. Ofrece apoyo y aliento durante el proceso.

Objetivo: Desarrollar la persistencia y la resiliencia al enfrentar desafíos. La capacidad de perseverar es crucial para desarrollar una autoeficacia fuerte.

Consejo: Enfócate en el esfuerzo y el proceso, no solo en el resultado final. La resiliencia se construye a través de la práctica y el apoyo constante.

3. Ofrecer Retroalimentación Constructiva

ACTIVIDAD: Proporciona retroalimentación positiva y constructiva sobre el desempeño de tu hijo en diferentes actividades. Enfócate en lo que hicieron bien y ofrece sugerencias para mejorar de manera alentadora.

Objetivo: Ayudar a los niños a entender sus fortalezas y áreas de mejora. La retroalimentación constructiva fomenta la autoeficacia al proporcionar orientación y apoyo para el crecimiento.

Consejo: Sé específico y honesto en tu retroalimentación, y siempre destaca el esfuerzo y la actitud positiva. La retroalimentación debe ser una herramienta para el aprendizaje y la mejora.

Promoviendo la Autoestima y la Confianza en Sí Mismo

1. Reconocer y Celebrar los Logros

ACTIVIDAD: Celebra los logros de tu hijo, tanto grandes como pequeños, mediante palabras de aliento, recompensas simbólicas o actividades especiales. Reconocer sus éxitos refuerza su autoestima.

Objetivo: Fortalecer la autoestima y la confianza en sí mismo. La celebración de logros ayuda a los niños a sentirse valorados y motivados para seguir esforzándose.

Consejo: Asegúrate de que el reconocimiento sea genuino y acorde con el esfuerzo realizado. La celebración debe ser una experiencia positiva y significativa.

2. Fomentar la Autoevaluación y el Reflexión

ACTIVIDAD: Anima a tu hijo a reflexionar sobre sus propios logros y áreas de mejora. Pregúntales qué les gustó hacer, qué aprendieron y cómo se sintieron al lograr sus objetivos.

Objetivo: Desarrollar la capacidad de autoevaluarse y reflexionar sobre sus experiencias. La autoevaluación fomenta una mayor conciencia y comprensión de sus propias habilidades y logros.

Consejo: Facilita la reflexión mediante preguntas abiertas y apoyo. La reflexión debe ser una oportunidad para el crecimiento y la autoaceptación.

3. Proporcionar Modelos de Rol Positivos

ACTIVIDAD: Sé un modelo a seguir en términos de confianza en uno mismo y autoeficacia. Comparte tus propias experiencias de éxito y fracaso, y muestra cómo enfrentas desafíos con una actitud positiva.

Objetivo: Ofrecer ejemplos positivos de autoeficacia y confianza. Los modelos de rol ayudan a los niños a aprender cómo manejar sus propias experiencias y desafíos.

Consejo: Sé abierto y honesto sobre tus propias experiencias. La autenticidad y la transparencia fortalecen la confianza y la conexión.

Capítulo 16: Cómo Apoyar el Aprendizaje Autónomo y la Curiosidad en los Niños

Introducción al Capítulo

El aprendizaje autónomo y la curiosidad son como las semillas que, cuando se plantan y cuidan adecuadamente, florecen en un jardín de conocimientos y habilidades. Fomentar la curiosidad natural de los niños y apoyar su aprendizaje independiente les permite explorar el mundo a su ritmo y descubrir nuevas pasiones. En este capítulo, exploraremos cómo puedes crear un entorno que aliente a tu hijo a aprender por sí mismo y a satisfacer su curiosidad innata. Prepárate para ser el jardinero que cultiva el amor por el aprendizaje en tu pequeño.

Fomentando el Aprendizaje Autónomo

1. Crear un Espacio de Aprendizaje Estimulante

ACTIVIDAD: Diseña un área en casa que esté equipada con materiales educativos, como libros, juegos educativos y herramientas de arte. Asegúrate de que el espacio sea accesible y atractivo para tu hijo.

Objetivo: Proporcionar un entorno que inspire y facilite el aprendizaje independiente. Un espacio bien diseñado estimula la curiosidad y ofrece oportunidades para la exploración.

Consejo: Actualiza y organiza el espacio regularmente para mantener el interés de tu hijo. La variedad y el orden ayudan a mantener el entusiasmo y el enfoque.

2. Ofrecer Oportunidades para la Exploración Personal

ACTIVIDAD: Permite que tu hijo elija proyectos o actividades basados en sus propios intereses. Pueden ser desde experimentos científicos simples hasta actividades creativas, como la creación de un jardín de mariposas.

Objetivo: Fomentar la autonomía en la selección y ejecución de proyectos. La elección personal aumenta el compromiso y el entusiasmo por el aprendizaje.

Consejo: Proporciona orientación y apoyo sin imponer tus propias preferencias. La exploración personal debe ser una experiencia de descubrimiento libre y autónoma.

3. Incentivar la Investigación y la Resolución de Problemas

ACTIVIDAD: Cuando tu hijo se enfrente a una pregunta o problema, anímale a buscar respuestas por sí mismo. Proporciónale herramientas, como enciclopedias, internet o libros especializados, para ayudar en la investigación.

Objetivo: Desarrollar habilidades de investigación y resolución de problemas. La capacidad de buscar y encontrar respuestas de manera independiente es esencial para el aprendizaje autónomo.

Consejo: Guía el proceso de investigación sin dar respuestas directas. El objetivo es que tu hijo aprenda a encontrar información y a pensar de manera crítica.

Desarrollando la Curiosidad

1. Estimular la Pregunta y la Exploración

ACTIVIDAD: Fomenta un ambiente donde se valore hacer preguntas. Cada vez que tu hijo pregunte algo, explora la respuesta juntos o investiga más a fondo para encontrar la información.

Objetivo: Cultivar una mentalidad curiosa y un deseo de aprender. Valorar las preguntas y la exploración impulsa el interés y el deseo de descubrir más.

Consejo: Responde a las preguntas con entusiasmo y ofrece recursos adicionales para explorar el tema. La curiosidad se alimenta de la respuesta y el apoyo positivo.

2. Ofrecer Experiencias Diversas y Nuevas

ACTIVIDAD: Expón a tu hijo a una variedad de experiencias y actividades nuevas, como visitar museos, asistir a talleres o probar diferentes deportes. La diversidad de experiencias enriquece el aprendizaje y la curiosidad.

Objetivo: Ampliar el horizonte de intereses y conocimientos. La exposición a nuevas experiencias fomenta la curiosidad y el deseo de explorar diferentes áreas del conocimiento.

Consejo: Escoge actividades que se alineen con los intereses de tu hijo y que ofrezcan oportunidades para aprender y experimentar. La novedad debe ser emocionante y accesible.

3. Fomentar la Reflexión y el Diálogo

ACTIVIDAD: Después de una experiencia o actividad, conversa con tu hijo sobre lo que aprendieron y lo que les gustó o sorprendió. Pregunta sobre sus pensamientos y sentimientos para fomentar la reflexión.

Objetivo: Ayudar a los niños a procesar y reflexionar sobre sus experiencias de aprendizaje. La reflexión fortalece la comprensión y la curiosidad.

Consejo: Haz preguntas abiertas que inviten a la reflexión profunda y ofrece feedback positivo. La conversación debe ser una oportunidad para explorar y valorar el aprendizaje.

Apoyando el Desarrollo de Habilidades de Aprendizaje Autónomo

1. Enseñar Estrategias de Organización y Gestión del Tiempo

ACTIVIDAD: Ayuda a tu hijo a desarrollar un horario o una lista de tareas para gestionar sus actividades y proyectos. Introduce conceptos básicos de organización, como el uso de calendarios o temporizadores.

Objetivo: Fomentar habilidades de gestión del tiempo y organización personal. La capacidad de planificar y organizar actividades es fundamental para el aprendizaje autónomo.

Consejo: Ofrece apoyo para crear sistemas de organización que se adapten a las necesidades y preferencias de tu hijo. La organización debe ser práctica y accesible.

2. Proporcionar Recursos de Aprendizaje Adecuados

ACTIVIDAD: Asegúrate de que tu hijo tenga acceso a recursos educativos apropiados para su nivel y sus intereses. Esto puede incluir libros, aplicaciones educativas, kits de ciencia o material de arte.

Objetivo: Facilitar el acceso a recursos que apoyen el aprendizaje autónomo. Los recursos adecuados proporcionan las herramientas necesarias para explorar y aprender de manera independiente.

Consejo: Selecciona recursos que sean interactivos y estimulantes. La variedad en los recursos mantiene el interés y el entusiasmo por aprender.

3. Fomentar el Autoaprendizaje a Través de Proyectos

ACTIVIDAD: Anima a tu hijo a emprender proyectos de autoaprendizaje, como crear un proyecto de investigación sobre un tema de interés o iniciar un diario de exploraciones y descubrimientos.

Objetivo: Desarrollar habilidades de autoaprendizaje y autonomía en la ejecución de proyectos. Los proyectos permiten aplicar conocimientos y habilidades en contextos prácticos.

Consejo: Proporciona orientación y apoyo mientras tu hijo trabaja en sus proyectos. La autoaprendizaje debe ser una experiencia enriquecedora y autónoma.

Capítulo 17: Cómo Crear un Ambiente Familiar Positivo y de Apoyo

Introducción al Capítulo

Un ambiente familiar positivo es como un cálido abrazo en el que todos los miembros de la familia se sienten valorados y apoyados. Crear un entorno de apoyo no solo fortalece los lazos familiares, sino que también proporciona una base sólida para el desarrollo emocional y social de los niños. En este capítulo, exploraremos cómo construir un hogar donde el apoyo mutuo, la comunicación abierta y el respeto sean la norma. Prepárate para descubrir cómo transformar tu hogar en un lugar donde todos puedan prosperar.

Fomentando un Clima Familiar Positivo

1. Promover la Comunicación Abierta y Honesta

ACTIVIDAD: Establece momentos regulares para que todos los miembros de la familia se reúnan y compartan sus pensamientos y sentimientos. Esto puede ser durante la cena, a la hora de acostarse o en reuniones familiares semanales.

Objetivo: Facilitar una comunicación abierta y honesta. La capacidad de expresar sentimientos y pensamientos fortalece las relaciones y fomenta un ambiente de comprensión mutua.

Consejo: Anima a cada miembro de la familia a escuchar activamente y a respetar las opiniones de los demás. La comunicación efectiva se basa en el respeto y la empatía.

2. Fomentar el Apoyo Mutuo y la Empatía

ACTIVIDAD: Realiza actividades que refuercen el apoyo mutuo, como ayudar a un miembro de la familia con una tarea o proyecto. Practica la empatía hablando sobre cómo te sentirías en diferentes situaciones.

Objetivo: Crear una cultura de apoyo y empatía dentro de la familia. El apoyo mutuo y la comprensión fortalecen los lazos y promueven un ambiente de cuidado y colaboración.

Consejo: Celebra los gestos de apoyo y empatía, y muestra cómo la comprensión y la ayuda mutua contribuyen a un ambiente familiar positivo.

3. Establecer y Mantener Tradiciones Familiares

ACTIVIDAD: Crea y mantén tradiciones familiares que todos puedan disfrutar, como noches de juegos, excursiones familiares o rituales especiales para celebrar logros.

Objetivo: Fortalecer la cohesión familiar y crear recuerdos positivos. Las tradiciones familiares proporcionan un sentido de pertenencia y estabilidad.

Consejo: Mantén las tradiciones simples y significativas para todos los miembros de la familia. Las tradiciones deben ser una fuente de alegría y unión.

Fomentando el Respeto y la Colaboración

1. Establecer Reglas y Expectativas Claras

ACTIVIDAD: Trabaja en conjunto con tu familia para establecer reglas y expectativas claras para el hogar. Asegúrate de que todos comprendan y acepten las normas y sus responsabilidades.

Objetivo: Crear un ambiente donde las reglas sean entendidas y respetadas. Las reglas claras promueven la armonía y la cooperación dentro del hogar.

Consejo: Revisa y ajusta las reglas según sea necesario para mantenerlas relevantes y efectivas. La flexibilidad es clave para un ambiente familiar positivo.

2. Promover la Resolución Constructiva de Conflictos

ACTIVIDAD: Enseña técnicas de resolución de conflictos a los miembros de la familia, como el uso de un lenguaje respetuoso y la búsqueda de soluciones juntos. Practica estos métodos en situaciones de conflicto.

Objetivo: Resolver conflictos de manera constructiva y respetuosa. La resolución efectiva de conflictos contribuye a un ambiente de armonía y comprensión.

Consejo: Actúa como mediador cuando sea necesario y ofrece orientación sobre cómo abordar los conflictos de manera productiva.

La resolución de conflictos debe ser una oportunidad para aprender y crecer.

3. Fomentar la Participación y la Colaboración en las Tareas del Hogar

ACTIVIDAD: Involucra a todos los miembros de la familia en las tareas del hogar, asignando responsabilidades y trabajando juntos en las actividades. Crea un calendario de tareas para que todos puedan ver sus contribuciones.

Objetivo: Promover la colaboración y el sentido de responsabilidad compartida. La participación en las tareas del hogar refuerza el trabajo en equipo y el sentido de pertenencia.

Consejo: Reconoce y agradece las contribuciones de cada miembro de la familia. La colaboración debe ser una experiencia positiva y gratificante.

Apoyando el Desarrollo Emocional y Social de los Niños

1. Ofrecer Afecto y Apoyo Emocional

ACTIVIDAD: Asegúrate de que cada miembro de la familia, especialmente los niños, reciba afecto y apoyo emocional regularmente. Esto puede ser a través de palabras de aliento, abrazos o tiempo de calidad juntos.

Objetivo: Proporcionar un entorno emocionalmente seguro y nutritivo. El afecto y el apoyo emocional son fundamentales para el bienestar y el desarrollo saludable.

Consejo: Sé consciente de las necesidades emocionales de cada miembro de la familia y ofrece apoyo de manera consistente. El afecto debe ser genuino y apropiado.

2. Fomentar la Autoestima y el Sentido de Logro

ACTIVIDAD: Reconoce y celebra los logros y esfuerzos de los miembros de la familia, especialmente de los niños. Usa elogios específicos y proporciona oportunidades para que los niños demuestren sus habilidades.

Objetivo: Fortalecer la autoestima y el sentido de logro. El reconocimiento positivo contribuye a una autoimagen saludable y a la confianza en sí mismo.

Consejo: Sé específico en tus elogios y celebra tanto los grandes logros como los pequeños esfuerzos. La celebración debe ser una experiencia positiva y motivadora.

3. Crear Espacios de Tiempo Familiar de Calidad

ACTIVIDAD: Dedica tiempo para realizar actividades familiares juntos, como juegos, caminatas o proyectos creativos. Asegúrate de que este tiempo sea libre de distracciones y enfocado en disfrutar juntos.

Objetivo: Fortalecer los lazos familiares y crear recuerdos positivos. El tiempo de calidad en familia refuerza las relaciones y proporciona oportunidades para la conexión.

Consejo: Planifica actividades que todos disfruten y que fomenten la participación activa. El tiempo familiar debe ser una fuente de alegría y conexión.

Capítulo 18: Cómo Gestionar el Estrés Familiar y Fomentar el Bienestar Emocional

Introducción al Capítulo

El estrés familiar es como un invitado no deseado en una fiesta que, si no se controla, puede arruinar el ambiente. La buena noticia es que, con las estrategias adecuadas, puedes gestionar el estrés y crear un ambiente familiar que favorezca el bienestar emocional de todos los miembros. En este capítulo, exploraremos cómo identificar las fuentes de estrés en la familia y cómo aplicar técnicas efectivas para mantener el equilibrio emocional. Prepárate para aprender a transformar el estrés en oportunidades de crecimiento y conexión familiar.

Identificando y Gestionando el Estrés Familiar

1. Reconocer las Fuentes Comunes de Estrés

ACTIVIDAD: Realiza una lista con tu familia de las fuentes de estrés que experimentan, como problemas financieros, conflictos en la crianza o demandas laborales. Discute cómo estas fuentes afectan a cada miembro de la familia.

Objetivo: Identificar las principales fuentes de estrés para abordar las causas subyacentes. Reconocer el origen del estrés es el primer paso para encontrar soluciones efectivas.

Consejo: Mantén una actitud abierta y no juzgadora durante la discusión. El objetivo es entender y encontrar formas de manejar el estrés en lugar de señalar culpables.

2. Establecer Prioridades y Gestionar el Tiempo

ACTIVIDAD: Crea un plan de gestión del tiempo familiar, estableciendo prioridades y asignando tareas de manera equitativa. Utiliza herramientas como calendarios familiares y listas de tareas para organizar las responsabilidades.

Objetivo: Reducir el estrés relacionado con la falta de organización y sobrecarga de tareas. La gestión efectiva del tiempo ayuda a equilibrar las responsabilidades y a mantener el enfoque en lo que realmente importa.

Consejo: Revisa y ajusta el plan regularmente para adaptarte a los cambios en las necesidades y prioridades. La flexibilidad en la planificación es clave para manejar el estrés de manera efectiva.

3. Promover Técnicas de Relajación y Autocuidado

ACTIVIDAD: Introduce prácticas de relajación en la rutina familiar, como ejercicios de respiración, yoga o tiempos de descanso. Fomenta que cada miembro de la familia dedique tiempo al autocuidado y la relajación.

Objetivo: Reducir el estrés y promover el bienestar emocional mediante técnicas de relajación y autocuidado. Las prácticas regulares de relajación ayudan a manejar el estrés y mejorar la salud mental.

Consejo: Encuentra actividades de relajación que sean agradables para todos los miembros de la familia. La consistencia en la práctica es esencial para obtener beneficios duraderos.

Fomentando el Bienestar Emocional Familiar

1. Crear Espacios para la Conexión y la Comunicación

ACTIVIDAD: Dedica tiempo regular para actividades que promuevan la conexión familiar, como cenas familiares, noches de juegos o charlas antes de acostarse. Usa estos momentos para compartir experiencias y fortalecer los lazos.

Objetivo: Mejorar la comunicación y la conexión emocional entre los miembros de la familia. Los espacios de conexión fomentan un ambiente de apoyo y comprensión.

Consejo: Mantén el enfoque en disfrutar el tiempo juntos y en construir relaciones positivas. La conexión emocional se fortalece mediante la interacción genuina y el apoyo mutuo.

2. Promover el Sentido de Propósito y la Gratitud

ACTIVIDAD: Introduce prácticas de gratitud en la rutina familiar, como compartir tres cosas por las que cada miembro está agradecido al final del día. Fomenta la reflexión sobre el propósito y las contribuciones de cada miembro de la familia.

Objetivo: Cultivar un sentido de propósito y gratitud que fortalezca el bienestar emocional. La gratitud y la reflexión ayudan a mantener una perspectiva positiva y a valorar lo que se tiene.

Consejo: Sé auténtico en tus expresiones de gratitud y fomenta una actitud positiva en la familia. La práctica regular de la gratitud contribuye a una mentalidad más resiliente y optimista.

3. Fomentar la Flexibilidad y la Adaptación

ACTIVIDAD: Enseña a la familia a adaptarse a los cambios y a ser flexibles en las expectativas. Realiza actividades que promuevan la adaptabilidad, como probar nuevas rutinas o resolver problemas en grupo.

Objetivo: Desarrollar la capacidad de adaptarse a los cambios y enfrentar desafíos con una actitud positiva. La flexibilidad y la adaptación son esenciales para manejar el estrés y mantener el bienestar emocional.

Consejo: Aborda los cambios con una mentalidad abierta y receptiva. La adaptabilidad se fortalece mediante la práctica y el apoyo mutuo.

Manteniendo el Equilibrio Familiar

1. Establecer Límites Saludables y Espacios de Tiempo Personal

ACTIVIDAD: Define y respeta límites claros para el tiempo personal y familiar. Asegúrate de que cada miembro de la familia tenga tiempo para actividades individuales y momentos de descanso.

Objetivo: Promover un equilibrio saludable entre el tiempo en familia y el tiempo personal. Los límites saludables permiten que cada miembro recargue energías y mantenga el bienestar emocional.

Consejo: Comunica claramente los límites y respeta el tiempo personal de cada miembro. El equilibrio entre el tiempo en familia y el tiempo individual es crucial para el bienestar general.

2. Ofrecer Apoyo Profesional si es Necesario

ACTIVIDAD: Si el estrés o los problemas emocionales se vuelven abrumadores, considera buscar apoyo profesional, como consejeros familiares o terapeutas. Explora opciones de apoyo y recursos disponibles.

Objetivo: Proporcionar apoyo adicional para manejar el estrés y los problemas emocionales. El apoyo profesional puede ofrecer estrategias efectivas y un espacio seguro para abordar preocupaciones.

Consejo: Busca ayuda cuando sea necesario y no dudes en explorar diferentes opciones de apoyo. El bienestar emocional de la familia es una prioridad y merece atención profesional si es necesario.

3. Celebrar los Éxitos y las Contribuciones Familiares

ACTIVIDAD: Reconoce y celebra los logros y esfuerzos de cada miembro de la familia. Utiliza pequeños gestos de reconocimiento y celebra los éxitos, tanto grandes como pequeños.

Objetivo: Fortalecer la autoestima y el sentido de pertenencia a través del reconocimiento y la celebración. Celebrar los logros contribuye a un ambiente positivo y motivador.

Consejo: Sé específico en tu reconocimiento y celebra los éxitos de manera genuina. La celebración debe ser una fuente de alegría y motivación para todos los miembros de la familia.

Capítulo 19: Resumen y Claves para Apoyar el Desarrollo de los Niños de 3 a 6 Años

Introducción al Capítulo

Al llegar al final de este viaje por el desarrollo infantil en la etapa de 3 a 6 años, es hora de hacer un balance de todo lo que hemos aprendido. Este capítulo es tu guía definitiva para aplicar todo lo que has descubierto y para asegurarte de que estás apoyando de la mejor manera posible a tus pequeños mientras atraviesan esta etapa crucial de su vida. Aquí te ofrecemos un resumen enriquecido de los puntos más importantes, con consejos prácticos que te ayudarán a transformar la teoría en acción efectiva y significativa en tu vida cotidiana.

Para comenzar, es esencial tener una visión clara del desarrollo físico, cognitivo y emocional que ocurre en estos años formativos. Los niños entre 3 y 6 años están en una fase de rápido crecimiento físico. No solo están aumentando en altura y peso, sino que también están perfeccionando habilidades motoras gruesas, como correr, saltar y trepar, así como habilidades motoras finas, como dibujar y usar utensilios. Este crecimiento puede parecer casi mágico, pero también conlleva desafíos: la coordinación puede no estar completamente afinada y los accidentes menores son comunes. Aquí, tu papel es ofrecer apoyo y ánimo, creando un entorno seguro y estimulante que les permita explorar y crecer con confianza.

En el ámbito del desarrollo cognitivo, los niños están experimentando un período de expansión mental sorprendente. Su capacidad para adquirir y utilizar el lenguaje se incrementa de manera significativa. Comienzan a formar oraciones más complejas, entienden mejor las instrucciones y están en el proceso de adquirir habilidades básicas de lectura y matemáticas. Este es el momento perfecto para introducir juegos educativos que refuercen estos conceptos. Actividades como leer juntos, jugar a juegos de palabras y resolver rompecabezas no solo son divertidas, sino que también refuerzan habilidades cognitivas clave.

El desarrollo emocional y social es otro aspecto fundamental en esta etapa. Los niños empiezan a formar relaciones con otros niños y adultos, y sus habilidades para gestionar emociones están en desarrollo. A veces, pueden tener dificultades para expresar sus sentimientos de manera apropiada o para manejar la frustración. Aquí es donde entra tu rol como modelo a seguir. Mostrarles cómo expresar emociones de manera saludable, y hablarles sobre cómo se sienten, ayuda a los niños a aprender a manejar sus propias emociones. Además, fomentar la empatía y el respeto en las interacciones diarias contribuye a un desarrollo social positivo.

Un entorno de aprendizaje positivo puede hacer maravillas para el crecimiento de tu hijo. Crear un espacio de aprendizaje estimulante en casa puede incluir una variedad de materiales educativos, desde libros hasta juegos y actividades creativas. Diseña un rincón de lectura cómodo y acogedor, donde los libros sean accesibles y atractivos. Proporciona materiales para manualidades y actividades que permitan a los niños explorar su creatividad y desarrollar nuevas habilidades. Permitirles tomar la iniciativa en proyectos basados en sus intereses también refuerza su entusiasmo por aprender y fomenta la autonomía.

El manejo del estrés familiar es crucial para mantener un ambiente saludable y equilibrado. Identificar las fuentes de estrés, ya sean financieras, laborales o relacionadas con la crianza, es el primer paso para abordarlas de manera efectiva. Hacer una lista de las principales preocupaciones y trabajar juntos para encontrar soluciones prácticas puede aliviar la carga. Incorporar técnicas de relajación en la rutina diaria, como la meditación o el yoga, puede ayudar a reducir el estrés y promover un estado de calma. Recuerda que el autocuidado no es un lujo, sino una necesidad que beneficia a toda la familia.

Mantener un equilibrio entre el tiempo en familia y el tiempo personal es otra clave para el bienestar familiar. Las actividades familiares, como las cenas juntas, las noches de juegos o las salidas al parque, crean momentos valiosos de conexión y refuerzan los lazos. Sin embargo, también es esencial que cada miembro de la familia tenga tiempo para sus propias actividades e intereses. Respetar estos espacios personales ayuda a evitar el agotamiento y a mantener la armonía en el hogar.

Fortalecer la autoestima de los niños y fomentar su independencia son objetivos importantes en esta etapa. Celebrar los logros, tanto grandes como pequeños, refuerza su confianza y sentido de logro. Desde alabar sus esfuerzos en una tarea hasta celebrar sus éxitos en una actividad, el reconocimiento positivo tiene un impacto significativo en su autoimagen. Además, involucrar a los niños en tareas y responsabilidades apropiadas para su edad les enseña el valor del trabajo y les da un sentido de responsabilidad. Esta participación activa no solo promueve la independencia, sino que también les ayuda a comprender la importancia del compromiso y la colaboración.

La integración de valores familiares y la enseñanza de la responsabilidad son aspectos fundamentales para el desarrollo del carácter. Modelar los valores que deseas transmitir a tus hijos y proporcionarles oportunidades para asumir responsabilidades les ayuda a internalizar estos principios. Participar en actividades familiares que reflejen estos valores, como el trabajo en equipo y el respeto mutuo, ofrece ejemplos prácticos de cómo vivir de acuerdo con ellos. La enseñanza de la responsabilidad también implica permitirles tomar decisiones y aprender de las consecuencias de sus acciones de manera segura y guiada.

En resumen, apoyar el desarrollo de los niños de 3 a 6 años es una tarea multifacética que requiere atención, paciencia y amor. Cada etapa del desarrollo trae consigo nuevas oportunidades y desafíos, y tu papel como padre o madre es vital en cada paso del camino. Al aplicar las estrategias y consejos presentados a lo largo de este eBook, estarás mejor preparado para proporcionar un entorno de apoyo y crecimiento que permita a tus hijos florecer. Recuerda que el viaje de la crianza es continuo, y cada día ofrece nuevas oportunidades para aprender, crecer y conectar con tus hijos. ¡Felicidades por tu compromiso y dedicación, y por ser un pilar fundamental en el desarrollo de tus pequeños!

Como educadora infantil y mamá, espero que esta pequeña guía te haya podido servir y dar un poco de luz en este camino a veces tan difícil...

Gracias.

www.ingramcontent.com/pod-product-compliance
Lightning Source LLC
Chambersburg PA
CBHW052052150726
48002CB00002B/851